MOTS FLÉCHÉS

Hugo Image

Ouvrage dirigé par Luce Valli
Conception des jeux : RCI-Jeux

59, quai Alphonse Le Gallo
92100 Boulogne-Billancourt
www.hugopublishing.fr

FSC
www.fsc.org
MIXTE
Papier | Pour une gestion forestière responsable
FSC® C207668

ISBN : 9782755679977/001
Dépôt légal : octobre 2025
Imprimé par MPAPER en Chine
sur papier issu de forêts gérées de manière responsable

Voici une éphéméride de grilles de mots fléchés à résoudre chaque jour. Elle va devenir votre incontournable guide d'exercices cérébraux quotidiens, car pour garder la forme cérébrale, comme pour la forme physique, le mieux c'est de pratiquer des exercices quotidiennement, tous les coachs vous le diront.

Plongez-vous dès le 1er janvier dans ces mots fléchés, préparés tout spécialement à votre attention, et faites appel à votre sagacité, à votre vocabulaire et à votre logique aussi pour résoudre chaque jour cet exercice. Il vous suffira de quelques instants pour remplir la grille du jour, et même si cela vous paraît compliqué au début, vous allez progresser, devenir plus rapide et bientôt vous serez un champion. Et quoi de meilleur que de réussir un exercice dès le matin, pour entamer une bonne journée ?

Bien sûr la solution est au dos de la grille, mais ne la regardez pas avant de vous être creusé un peu la cervelle, c'est tout l'attrait d'un jeu !

Alors à vos crayons, prêts ? Jouez.

Nous vous souhaitons une belle année pleine de réussite.

FABRICATION DE MOUSSE

ACHETEURS

INCORPORANT UN FEUILLET

CROISER LES DOIGTS

CISEAUX D'ACIER

IL FAIT RECETTE POUR NOUS

GRAND ORATEUR ATTIQUE

VIN GREC

CERTAINE

MANQUE DE DOUCEUR

ÊTRE DANS LE FUTUR

LIT AFRICAIN

D'ASPIN, DANS LES PYRÉNÉES

PREUVE DE BONNE CITATION

HAUT DE GAMME

BRAVES, AVEC BRASSENS

DROIT

IL NE DONNE PAS À RIRE AU JAPON

1er

JANVIER

8 h 48 17 h 00

Jour de l'An

■	B	■	I	■	B	■	I
P	R	E	N	E	U	R	S
■	A	S	S	U	R	E	E
A	S	P	E	R	I	T	E
■	S	E	R	O	N	S	■
T	A	R	A	■	S	I	C
■	G	E	N	S	■	N	O
V	E	R	T	I	C	A	L

ATHLÈTE DE SALLE / DISCIPLINE DE PELOTON		RIDE SUR LE FRONT / ISOLÉES DU MONDE		ENVOLS ÉCONO-MIQUES / VENANT DE		PAS STRESSÉ DU TOUT / RIEUSE AILÉE	
TRAVAIL CHAM-PÊTRE / ON Y PARLE DE PAIX							
			UNE PIÈCE ANCIENNE / CYCLES				ON LE FAIT EN GÉNÉRAL LES YEUX FERMÉS
EFFRAYER / CONSOM-MER							
				SAINTE ÉCOURTÉE / IL PERMET DE SUPPOSER			
SUPPORTS AU GOLF / ÉBAUCHÉE, ESQUISSÉE					ÉCRAN, MAIS VRAIMENT PETIT		

2

JANVIER

8 h 48 17 h 02

St Basile

	G		P		E		Z
C	Y	C	L	I	S	M	E
	M	O	I	S	S	O	N
O	N	U		S	O	U	
	A	P	E	U	R	E	R
U	S	E	R		S	T	E
	T	E	E	S		T	V
D	E	S	S	I	N	E	E

AMÉRICAIN DU NORD / QUEUES DE CHEVAL		COURBA / ILS CONNAISSENT TOUTES LES PASSES		COULEUR CHAIR / À REMPLIR PAR LE JOUEUR		RÂPER / JOUERAIT LES INNOCENTS	
ALIMENTÉE / FAIRE DES TOASTS							
SON COMMERCE N'EST PAS DÉCLARÉ / SALVE							LA SAMBA Y EST QUOTIDIENNE
			ROI DE SHAKESPEARE / BORD DE CANAL				
DIVIN SOUFFLEUR / CALANQUE					CHIFFRES ROMAINS		
				TRAVAUX FORCÉS EN ALLEMAGNE			

3

JANVIER

8h47 17h03

Ste Geneviève

	C		V		C		U
C	A	T	O	G	A	N	S
	N	O	U	R	R	I	E
T	A	R	T	I	N	E	R
	D	E	A	L	E	R	
T	I	R		L	E	A	R
	E	O	L	E		I	I
A	N	S	E		S	T	O

GRAND BAVARD

FEMMES TRÈS CHASTES

TEMPS LIBRE

ENTRE DE BONNES MAINS

PETITE PARTICULE

COUSINS DU LORI

LE RIZ Y VAUT DU BLÉ

ARRIVÉ À TERME

MOINS AMPLE

LAME AGRICOLE

CÉLERI-RAVE

NOTE ANCIENNE

VOLÉE DE COUPS

DÉSIRE

LE FAUX EST UN ÉCART DE CONDUITE

TOUT UN ART POUR LA FOUINE

APRÈS UN OUI

ATTIRA MAINTS ARCHÉOLOGUES

ARDENTS

ESPÉRONS QU'ELLE A BON DON...

4

JANVIER

8 h 47 17 h 04

St Odilon

	P		R		E		A
V	E	S	T	A	L	E	S
	R	E	T	R	E	C	I
S	O	C		A	C	H	E
	R	O	U	S	T	E	
V	E	U	T		R	A	P
	U	R		D	O	N	A
B	R	U	L	A	N	T	S

DÉRIVE INCONTRÔLÉE HOMMES DE LOI		CRUCHES ET NOUILLES METTRE AU PARKING		MANIÈRE D'ÊTRE PHYSIQUE OU MORALE HUME		TAQUINE DEDANS	
S'IRRITANT IL SE PORTE CAUTION							
						CELLE DU LION EST LA MEILLEURE	
A LE DROIT DE BOUT DE GRAS					PETIT ORDINATEUR FERME DANS LE MIDI		
				FIGURE DE CHINE INDICATION DE LIEU			
CONTINUE MALGRÉ TOUT		DIFFÉRENCE ENTRE DEUX VALEURS					

5

JANVIER

8 h 47 17 h 05

St Édouard

	D		N		E		A
L	E	G	I	S	T	E	S
	R	A	G	E	A	N	T
G	A	R	A	N	T		I
	P	E	U	T		P	C
L	A	R	D		M	A	O
	G		E	C	A	R	T
P	E	R	S	I	S	T	E

PETITE STATUETTE / LÉGER DÉSACCORD		DÉCAPANTS / DANS UN PRONOMINAL		GRAPPILLE PAR-CI, PAR-LÀ / FERA UNE COPIE		GRAND CALME INTÉRIEUR / FIGURE DE BLASON	
TEL UN COUSIN / PRIS EN LEVANT LE COUDE							
		DE LA SORTE / PRÉPOSITION					
GARDE SA PLACE / ARRIVÉE À SON TERME						ÉVACUE PAR LES PORES	
				DANS LA TÊTE / ARTICLE ANDALOU			
TREMPÉE COMME UNE MORUE		PÈRE DE LA PSYCHANALYSE					

6

JANVIER

8 h 47 17 h 06

Épiphanie • St Mélaine

	F		A		G		Z
B	I	S	B	I	L	L	E
	G	E	R	M	A	I	N
B	U		A	I	N	S	I
	R	E	S	T	E		T
F	I	N	I	E		S	U
	N		F	R	E	U	D
D	E	S	S	A	L	E	E

TAILLE D'ARBRE CADRE DU DROIT		LE COUP DE MAIN DE LA PÂTISSIÈRE HÉROS DE BD		COMME DE MAUVAIS AIRS HOMMES DE PEINE		MARQUÉS PAR UNE CÉRÉMONIE POUDRE D'ÉCORCE	
LYNX D'AFRIQUE TISSU DE LAINE							
C'ÉTAIT LE PEUPLE À ROME LANGUE EN INDOCHINE						IL TRIOMPHE AU MILIEU DE L'ÉTOILE	
			PASSE À MUNICH ET REJOINT LE DANUBE				
ON Y FAIT DU PLAT PAS POUR TOUS					DANS L'AIR OU DANS L'OCÉAN		
			ILS S'EN-FONCENT DANS LA TERRE				

7

JANVIER

8 h 46 17 h 07

St Raymond

	R		T		V		C
L	E	G	A	L	I	T	E
	C	A	R	A	C	A	L
F	E	U	T	R	I	N	E
	P	L	E	B	E		B
L	A	O		I	S	A	R
	G	I	E	N		R	E
S	E	S		S	O	C	S

LE LÉGATAIRE

C'EST LA PAGAILLE

C'EST DE LA OUATE

PIÈCE DE SOULIER

APPRÉCIE LA VUE

RAVIGOTÉE

FENÊTRE D'ORNEMENT

IMITE LE DAIM

RÉNOVER LA CASSEROLE

EN POSTE À LA BARRE

GARDER EN MAIN

FLEUVE AFRICAIN

MONTRE SA JOIE DE VIVRE

RELIGIEUSE POUR DES SŒURS

DO DE JADIS

LAURÉATE DU VOTE

OCCASION DE FILER

TERMINAISON VERBALE

8

JANVIER

8 h 46 17 h 08

St Lucien

■	H	■	C	■	A	■	V
D	E	S	O	R	D	R	E
■	R	E	T	A	M	E	R
T	I	M	O	N	I	E	R
■	T	E	N	I	R	■	I
N	I	L	■	M	E	R	E
■	E	L	U	E	■	I	R
P	R	E	T	E	X	T	E

COR-RESPOND

VIEUX MALIN

TOURMENTÉES PAR UNE IDÉE FIXE

MACHIN

SUPPORTEUR

NUISIT

LIEU DE DÉLICES

FAIT DE NOUVEAU

INTERCALÉE

BOYAU

BAISSAIT LES BRAS

ACCROCHE UNE MAILLE

POUR DÉSIGNER

COMME UN WHISKY SANS EAU

SOLDAT ÉTOILÉ

ÉBAUCHÉS, ESQUISSÉS

QUI FAIT L'OBJET DE RECHERCHES

9

JANVIER

8 h 45 17 h 10

Ste Alix

	C		O		P		E
R	O	U	B	L	A	R	D
	I	N	S	E	R	E	E
I	N	T	E	S	T	I	N
	C	E	D	A	I	T	
F	I	L	E		S	E	C
	D		E	G	A	R	E
D	E	S	S	I	N	E	S

CHANGE DE CATÉGORIE / MEMBRE SUPPLÉANT		HOMMES FORTS / ALORS QUE		ZONE DE RAPPRO-CHEMENT / VILLE DU JAPON		CHAMBOU-LER L'ORDRE ÉTABLI / TAQUINÉE	
IL CLIGNOTE À L'ÉCRAN / TISSU FŒTAL							
LEUR POIDS PÈSE / PRODUIT HALLUCI-NOGÈNE				SUPPORT AU PORT / AVANT L'HEURE			
			ELLE PREND PIED À LA PLAGE / IL ROULE AU JEU				
DÉGAGER D'UNE ENTRAVE		QUI A ÉTÉ BIEN SERVIE PAR LA NATURE					

10

JANVIER

8h45 17h11

St Guillaume

■	D	■	T	■	A	■	D
B	E	Q	U	I	L	L	E
■	C	U	R	S	E	U	R
P	L	A	C	E	N	T	A
■	A	N	S	■	T	I	N
L	S	D	■	T	O	N	G
■	S	■	D	O	U	E	E
D	E	P	E	T	R	E	R

CONTRAVENTION DU SPORTIF

LOGER, RÉSIDER

MICROBES

UN DES ÉPOUX DU FOYER

DU PAYS DES CYCLADES

MÉTAL RADIOACTIF

DORÉE AU FOUR

SYMBOLE DE L'ERBIUM

FERA LE RÉCIT

PARKING DES AVIONS

DANS LA MAIN DU PARESSEUX

IL EST ATTACHANT

DEUX FOIS

RAPPORT ON NE PEUT PLUS CONSTANT

DIRECTION

FAUTE DE QUOI !

PLEINE LUNE

TRAVAUX PRATIQUES ABRÉGÉS

CADRE DE PHOTOS

POINT DISJOINTE

11

JANVIER

8 h 44 17 h 12

St Paulin

■	P	■	G	■	G	■	G	
D	E	M	E	U	R	E	R	
■	N	A	R	R	E	R	A	
T	A	R	M	A	C	■	T	
■	L	I	E	N	■	P	I	
B	I	■	S	I	N	O	N	
■	T	P	■	U	N	I	E	
P	E	L	E	M	E	L	E	

CROISER LES CULTURES / IRRITABLE		ÉCHAPPE À LA CATASTROPHE / TRACES DU PASSÉ		IL EST PORTÉ PAR UNE ÉTOILE / FORMULER		CONTRÔLER / SOUMISSION	
PLONGER DANS UN BAIN DE COULEUR / SCALPEL							
CE QUI LUI APPARTIENT / DROGUE					UNE ABRÉVIATION QUI PROUVE QU'ON A DOUBLÉ		
			CAVE DE CHÂTEAU				
ELLE NAÎT DANS LE PERCHE / ILS SONT BRILLANTS					DIVINITÉ GRECQUE DE LA TERRE		
			CRIER COMME LE CERF				

12
JANVIER

8 h 44 — 17 h 14

Ste Tatiana

■	M	■	E	■	T	■	V
N	E	R	V	E	U	S	E
■	T	E	I	N	T	E	R
B	I	S	T	O	U	R	I
■	S	I	E	N	■	V	F
L	S	D	■	C	H	A	I
■	E	U	R	E	■	G	E
O	R	S	■	R	E	E	R

RICHE EN PAILLETTES

DES BÊTES DU RODÉO

CLOU POUR LE BOIS

CANAUX DE GUÉRANDE

ELLE PORTE DES BÂTS

FIT SON NID

CAP À TENIR

MORCEAU DE BŒUF

PIÈGE À SOURIS

LANGUE DE TROUVÈRE

REVENU VITE PARTI

SUC-CESSION

SARTRE L'OPPOSAIT AU NÉANT

ÉTOUPE

DROGUE PURGATIVE

ON Y VOIT UN LEVER

PERSONNEL

TAS DE CAILLOUX

ELLE FACILITE LE SERVICE

FINIT TOUJOURS PREMIER

13

JANVIER

8 h 43 — 17 h 15

Ste Yvette

■	A	■	V	■	A	■	S
M	U	S	T	A	N	G	S
■	R	A	T	I	E	R	E
O	I	L	■	R	S	A	■
■	F	I	L	A	S	S	E
S	E	N	E	■	E	S	T
■	R	E	G	S	■	E	R
D	E	S	S	E	R	T	E

GROSSE TORCHE

PIPELINES

GÂTEAU EN FORME D'ANNEAU

ENGRAISSER (S')

FEINTERA

APPORTER UNE CERTAINE GAIETÉ

ABÎMÉE PAR LE TEMPS

HOMME DE LA VILLE

AVEC ELLE, ON IGNORE SON PASSÉ

SOUILLURE

ÉRIGERA

DÉMONSTRATIF

EXPRESSION DE CELUI QUI ENCAISSE

BIDET À ENFOURCHER

VENTILE LA PIÈCE

RIGIDE

DEUX EN CHIFFRES ROMAINS

LANIÈRE FIXÉE AU HARNAIS

14

JANVIER

8 h 42 17 h 17

Ste Nina

	F		D		R		U
O	L	E	O	D	U	C	S
	A	M	N	E	S	I	E
I	M	P	U	R	E	T	E
	B	A	T	I	R	A	
C	E	T		D	A	D	A
	A	E	R	E		I	I
D	U	R		R	E	N	E

ATTACHERA / LIMITES		CUISSOT PASCAL / ELLES SONT SOUVENT POUSSIÈRE		MARCHA LENTEMENT / BIEN EN CHAIR		AGENT DE SAVEUR / CAP SUR LA BOUSSOLE	
CANDIDAT VICTORIEUX / APPLIQUER DES TONS VIFS							
C'EST UN SEIN / MANCHE PARFOIS COURTE						REFUSE CATÉGORIQUEMENT D'ADMETTRE	
			BRUIT D'UNE EXPLOSION / RÉPLIQUE PUÉRILE				
GUIDE POUR MONTER / ELLE FAIT LA NAVETTE					ZEUS LA CHANGEA EN GÉNISSE		
				PETITE MONNAIE AU JAPON			

15

JANVIER

8 h 42 17 h 18

St Rémi

■	L	■	G	■	T	■	E
L	I	S	I	E	R	E	S
■	G	A	G	N	A	N	T
C	O	L	O	R	I	E	R
■	T	E	T	O	N	■	A
S	E	T	■	B	A	N	G
■	R	E	N	E	■	I	O
N	A	S	A	■	S	E	N

PLANTE ORNEMENTALE

C'EST UN SIGNE

DE L'AUTRE COTÉ

MOT DE PROPRIÉTAIRE

IL EST JETÉ POUR NUIRE

REMORQUÉ AU PORT

FAIRE LE RAPPROCHEMENT

BON PÈRE

ORDINAIRE, ON LE ROULE

CAPACITÉ RÉDUITE

CHARGEA LOURDEMENT

LUTTE À NAGOYA

VILLE DE BELGIQUE

QUI VOIT TROUBLE

AU COURANT DE LA MODE ACTUELLE

FRAISE

ELLE EST DESTINÉE À COMBLER UN TROU

CUIVRE

TÊTES SUR LE FRONT

DONNER LE VIRUS

PARTIE DU SQUELETTE HUMAIN

16

JANVIER

8 h 41 17 h 19

St Marcel

■	C	■	O	■	S	■	M
S	Y	M	P	T	O	M	E
■	C	A	P	O	R	A	L
M	L	■	O	U	T	R	A
■	A	S	S	E	■	I	N
E	M	U	E	■	C	S	G
■	E	M	■	C	O	T	E
I	N	O	C	U	L	E	R

SALE AFFAIRE / INSULAIRE DU PACIFIQUE		SANDWICH CHAUD / PERSISTER, PERSÉVÉRER (S')		AVION DÉPASSÉ / THÉÂTRE NIPPON		NON SOUILLÉ / BOIRE LES PAROLES D'UN AUTRE	
APPRIT LA NOUVELLE / PRÉFIXE D'OPPOSITION							
				BRÈCHE EN MONTAGNE / UTILE À LA COMPARAISON			
ELLE A DU MORDANT / ATTEND DANS LA SALLE					ANCIENNE NOTE / N'AVOUA POINT		
ARTICLE / PILOTÉ, GOUVERNÉ			RENDRE UNE SAUCE HOMOGÈNE				
				PETITE SURFACE DE TERRAIN			

17

JANVIER

8 h 40 17 h 21

Ste Roseline

■	S	■	P	■	Z	■	I
O	C	E	A	N	I	E	N
■	A	N	N	O	N	C	A
A	N	T	I	■	C	O	L
■	D	E	N	T	■	U	T
P	A	T	I	E	N	T	E
■	L	E	■	L	I	E	R
G	E	R	E	■	A	R	E

ATTISÉE DANS L'ÂTRE

PINCE-NEZ

CERCLE D'ADMIRATEURS

COUVRES D'EAU

ELLE SOULÈVE LES FOULES

METTRE DE L'ORDRE

ADOUCIR LES CONTOURS

BIEN EMBROUILLÉ

QUI ENIVRE

AVALERA

SON TRAVAIL, C'EST LA LUTTE

PRÊT À FAIRE LA VIE

PARTIES DE PANIERS

VIRAGE SUR DU BLANC

PRIMAIRE OU SECONDAIRE

POUR LE PRÊTRE

SYMBOLE DU CHROME

ARRACHER LE PIED D'UN ARBRE

MOMENT PASSÉ DANS LA COUR

18

JANVIER

☀ 8 h 39 ☀ 17 h 22

Ste Prisca

	T		C		O		E
B	I	N	O	C	L	E	S
	S	O	U	L	A	N	T
B	O	I	R	A		F	O
	N	E		S	T	E	M
A	N	S	E	S		R	P
	E		R	E	C	R	E
D	E	T	E	R	R	E	R

ELLE A DE LA TENUE

CE SUR QUOI ON S'ÉTEND

BAISSE LES BRAS

PLAT

PRÉCAUTION À PRENDRE

TÊTE DE SOLITAIRE

ADO

SOLDAT D'AILLEURS

ABSENCE D'ORGANISATION

FERA DU COUDE

BON À DÉTACHER

IL A SES AFFAIRES ET SES SECRETS

SE FIT DES IDÉES

MESURE SUR LE CHAMP

MARQUE DE BOMBE...

BANDE SUR LES ONDES

PASSÉ PAR LA FILIÈRE

SUDISTE

FEMME POLITIQUE ISRAÉLIENNE

19

JANVIER

8 h 38 17 h 24

St Marius

■	T	■	A	■	G	■	T
C	O	U	C	H	A	G	E
■	I	N	C	U	R	I	E
P	L	I	E	R	A	■	N
■	E	■	P	E	N	S	A
E	T	A	T	■	T	A	G
■	T	R	E	F	I	L	E
L	E	E	■	M	E	I	R

DÉCELER

HONTEUSES

GRANDE GÉNÉROSITÉ

COULEUR DE CARTE

OPINION

ELLE REÇOIT TOUS LES SUFFRAGES

CÉLESTES

CITE UN À UN

COURANT IMPÉTUEUX

MAÎTRE DU PASSÉ

ENGENDRÉ, GÉNÉRÉ

QUI EST À MOI

L'HUMIDITÉ LES POURRIT

SE CULTIVE À LA CAMPAGNE

SON GRAIN DONNE DU GOÛT

TRÈS PEU DE CHLORE

OUTILS DE MAÇON

ON L'OUVRE AU PREMIER ESSAI

20

JANVIER

8 h 37 17 h 25

St Sébastien

	D		L		I		A
P	E	N	A	U	D	E	S
	T	O	R	R	E	N	T
S	E	I	G	N	E	U	R
	C	R	E	E		M	A
E	T	E	S		S	E	L
	E		S	C	O	R	E
T	R	U	E	L	L	E	S

CHANCELANTE / FOURBERIES		LE JULES DE CLÉOPÂTRE / DIX SUR DIX		AU PLUS BAS / ASPIRER TRÈS FORTEMENT		CREVÉE / GOÛTER AVANT D'ADOPTER	
TEL UN PROJET FOU / PETIT STÈRE							
		FAIT SAVOIR / POIL					
ALLÉGEA UNE BOISSON NORMANDE / FIABLE							QUI S'EST LAISSÉ DUPER
			BARRE D'UN TRAIT / CECI VAUT CELA				
COMME JE VOUS LE CITE / SERVICE EN ARGENT				LOUP EN VIEUX FRANÇAIS			

21
JANVIER

8 h 36 — 17 h 27

Ste Agnès

	B		C		M		U
R	O	U	E	R	I	E	S
	I	N	S	E	N	S	E
S	T		A	V	I	S	E
	E	C	R	E	M	A	
S	U	R		R	A	Y	E
	S	I	C		L	E	U
M	E	N	A	G	E	R	E

RÈGLE DE VIE

AGRAFES DE SÉCURITÉ

AMASSÉE EN PYRAMIDE

EST DANS LA LUNE

SIGNES D'UNIONS

COURANT EN PICARDIE

LIEU DE BATAILLE EN 1914

GAGNÉE

PORT D'ATHÈNES

SOURCE DE DÉSUNION

PETITES ROULETTES

ON Y VIT SANS PROBLÈME

MONNAIE DIVISIONNAIRE DANOISE

DIRECTION

LETTRES POUR UNE ENTREPRISE

CRUS ET SALÉS

ELLE PORTE DES MANCHETTES

L'IRIDIUM DANS LES FORMULES CHIMIQUES

GRÂCE À ELLE LA ROUE TOURNE... AU MOULIN

22

JANVIER

8 h 35 17 h 29

St Vincent

	R		E		T		Y
F	E	R	M	O	I	R	S
	L	E	P	I	R	E	E
D	I	V	I	S	E	U	R
	G	A	L	E	T	S	
A	I	S	E		S	S	O
	O	S	E	S		I	R
U	N	E		A	B	E	E

ILLIMITÉ / CULTIVÉ		ESPÉRER L'ARRIVÉE / LAISSÉE À DISTANCE		DÉCAMPE / NE CONSERVE PAS		SAISIE, CHOPÉE / DONNER LES BASES DU TRAVAIL	
TRANSMET LA COULEUR / NE PAS CONFIRMER							
COUPE À LA HACHE / LONGUEUR ANGLO-SAXONNE					À TOI / SIGLE DE TRAVAUX PUBLICS		
				SIGNAL D'APPEL SOUVENT RÉPÉTÉ			
OPPOSÉ À LA VERTU		POINT RÉUSSIE					
				LE BONHEUR EST CENSÉ Y ÊTRE			

■	I	■	A	■	F	■	A
I	N	S	T	R	U	I	T
■	D	E	T	E	I	N	T
D	E	M	E	N	T	I	R
■	F	E	N	D	■	T	A
P	I	E	D	■	B	I	P
■	N	■	R	A	T	E	E
V	I	C	E	■	P	R	E

OBTENIR UN PRIX

ACCUEILLIR PROVISOIREMENT

RONGEUR FRUGIVORE

POISSON MARIN

IL EST SANS CONNAISSANCES

COLLATION

CONFIÉ POUR UN TEMPS

MOINS GRASSE

INSUFFISANCE DE FER

BASE DU CHARTER

BEAUÇOUP D'ESPÈCES Y SONT REGROUPÉES

MISE EN BALANCE

TIENNENT EN MAIN

ONCLE D'AMÉRIQUE

DÉTIENS

C'EST CE QU'IL Y A DE PLUS DUR EN NOUS

IL CONSERVE DE VIEILLES BANDES

BOHÈMES

DEVANT CE QUI EST NOUVEAU

24
JANVIER
8 h 33 17 h 32
St François de Sales

	R		L		I		P
H	E	B	E	R	G	E	R
	C	A	R	E	N	C	E
A	E	R	O	P	O	R	T
	V		T	A	R	E	E
Z	O	O		S	A	M	
	I	N	A		N	E	O
A	R	T	I	S	T	E	S

CONDIMENT EN FILET

SENSIBLE

BATRACIEN À CRÊTE

DE MAUVAISE HUMEUR

ARCHAÏQUE

MER EN VOIE DE DISPARITION (D')

FROMAGES BLANCS SUISSES

VARIÉTÉ DE LAURIER

ENFUMER

PLEINE DE MORGUE

ÊTRE ADORÉ

ICI LES PRUNES COMPTENT

BASE DE COMPARAISON AU GOLF

NEPTUNIUM

IL N'A PAS UN TEMPÉRAMENT FONCEUR

ELLE NOUS REMBOURSE COMME ELLE PEUT

COURS DE CAMPAGNE

COLLECTIONS DE PLANTES

RECUEILS DE BONNES HISTOIRES

25

JANVIER

8 h 32 17 h 33

Conversion de St Paul

■	V	■	T	■	A	■	S
V	I	B	R	A	N	T	E
■	N	O	I	R	C	I	R
H	A	U	T	A	I	N	E
■	I	D	O	L	E	■	S
A	G	E	N	■	N	P	■
■	R	U	■	A	N	A	S
H	E	R	B	I	E	R	S

DÉBARRASSÉ DE TOUS LES GERMES / OBSCURCI		ATTRIBUTS DE BOVIDÉS / USTENSILE DE BÛCHERON		AVALER, INGÉRER / MOIS DE PONTS		VIN BLANC ET CASSIS / REVINS	
APPUYER À FOND SUR LA PÉDALE / AVIS EXPRIMÉ							
							ELLE NOUS INFORME AVEC DES IMAGES
PETIT SUPPORT AU GOLF / SIX À OSTIE				JOUR DE CONGÉ / IL PRODUIT DE BELLES ŒUVRES			
		ARME À LAME / A ÉTÉ CAPABLE					
SECTEUR POSTAL / MARQUÉE D'ECCHYMOSES			CLUB ESPAGNOL DE FOOTBALL				

26
JANVIER
8 h 31 17 h 35
Ste Paule, Ste Pauline

	A		C		A		K
A	S	S	O	M	B	R	I
	E	C	R	A	S	E	R
O	P	I	N	I	O	N	
	T	E	E		R	T	T
V	I		S	A	B	R	E
	S	P		R	E	A	L
M	E	U	R	T	R	I	E

VILLE DE SICILE / IMPUDENTS		PIMENT ROUGE / C'EST TRANCHÉ		SÉJOUR À L'HÔTEL / ADJECTIF INTERRO-GATIF		Y VA / BIEN MOULU	
BRILLER / ÉTAT OÙ RIEN NE MANQUE							
							MONTRES LE BOUT DE TON NEZ
PROVOQUE UNE RÉACTION ÉPIDER-MIQUE		AUQUEL ON NE PEUT RIEN AJOUTER / ACCENT					
				LA GRANDE ÉCOLE / AUTEUR DE BRUITS			
ONE-MAN-SHOW / CREUSÉES POUR RÉFLÉCHIR					SYMBOLE CHIMIQUE DU TITANE		

27
JANVIER
8 h 29 17 h 37
Ste Angèle

	S		P		N		O
C	Y	N	I	Q	U	E	S
	R	E	L	U	I	R	E
S	A	T	I	E	T	E	
	C		P	L	E	I	N
C	U	T	I		E	N	A
	S	O	L	O		T	I
M	E	N	I	N	G	E	S

PRÉNOM QUI FAIT RECETTE !

NUAGE CULINAIRE

GRANDE MAÎTRISE DE SOI

PREMIER DE SÉRIE

BONJOUR LES DÉGÂTS !

FEMME D'ABRAHAM

DANS LA NORME

LAISSE UN BLANC

DÉTRUIT

ZINC SYMBOLISÉ

MOTIF DE RANCŒUR

ALCOOL DE DATTES

ÉTOFFE BROCHÉE

MATIÈRE À POUPÉE

TRAVERSE LES LACS DE SUISSE

IL EST GRATTÉ EN IRAN

COURS

MOT GROGNON

REPREND SON SOUFFLE

SON ITINÉRAIRE EST TOUT TRACÉ

28

JANVIER

8 h 28 17 h 38

St Thomas d'Aquin

■	A	■	F	■	S	■	U
E	M	U	L	S	I	O	N
■	A	N	E	A	N	T	I
Z	N	■	G	R	I	E	F
■	D	A	M	A	S	■	O
C	I	R	E	■	T	A	R
■	N	A	■	T	R	A	M
R	E	C	U	P	E	R	E

JE NE VOUS CROIS PAS ! / FONDAMENTALE		PRIS POUR CIBLE / AUX NŒUDS DÉFAITS		ÉTAGE D'ESCALIER / PAVÉ À L'INTÉRIEUR		TOTALEMENT ANÉANTI / NOUE	
REFAIRE DES TACHES / RÉMUNÉRER							
NE PAS DIVULGUER UN SECRET / LÉMAN À GENÈVE						LES PAYS DU MONDE Y SONT REPRÉSENTÉS	
			DIEU NARQUOIS AVEC CARQUOIS				
ARBALÉTRIER SUISSE / ÉPUISÉ					INITIALES DEVANT LE CHRIST		
			QUI A REÇU UN COUP AU CŒUR				

29
JANVIER
8 h 27 17 h 40
St Gildas

■	T	■	V	■	P	■	T
R	A	D	I	C	A	L	E
■	R	E	S	A	L	I	R
S	A	L	A	R	I	E	R
■	T	A	I	R	E	■	A
L	A	C	■	E	R	O	S
■	T	E	L	L	■	N	S
L	A	S	■	E	M	U	E

QUI EST AU-DESSUS DE TOUS / BUR-LESQUES		SPÉCIALITÉ BRETONNE / LANGUE DES ANTILLES		BOND OU BOOM / SOUILLÉE		ÉGRIL-LARDE / BIEN EM-BARRASSÉE	
CRISE SOCIALE / SE PREND QUAND ON SORT							
			JOUE UNE BALLE HAUTE AU TENNIS / RÉEL				
BÂTIMENT DE SURFACE / FAIRE LE CERF							DÉCHET DU CORPS
					ABRÉVIA-TION SCOLAIRE / SYMBOLE DU PLATINE		
LIGUE DE BASKET-BALL / PLUS ALLUMÉES				CELA NE COMPTE PAS POUR BEAUCOUP			

30
JANVIER
8h26 17h41
Ste Martine

■	D	■	F	■	E	■	O
C	O	C	A	S	S	E	S
■	M	A	R	A	S	M	E
A	I	R	■	L	O	B	E
■	N	A	V	I	R	E	■
R	A	I	R	E	■	T	P
■	N	B	A	■	P	E	U
E	T	E	I	N	T	E	S

BIEN DIGÉRÉE

SE FAIT EN TOURNANT

À BASSE FRÉQUENCE

EMPRUNTER

ADAPTÉE À LA VILLE

MARQUÉ

CHÂTEAU

QUI FAIT FI DE TOUTE OBJECTIVITÉ

BELLE-MÈRE DES CONTES DE FÉES

MANDAIT

CELUI DE CHEVAL EST PUISSANT

ÉMET UNE TRAITE

PETITE PLANCHE DE RELIEUR

LES DOSSIERS DE L'ÉCRAN

ARGON

CULTIVÉES LOIN DES CHAMPS

RICHEMENT COUVERT

31

JANVIER

8 h 24 17 h 43

Ste Marcelle

	C		R		C		A
R	O	T	A	T	I	O	N
	M	A	R	A	T	R	E
A	P	P	E	L	A	I	T
	R	E	M	E	D	E	
T	I	R	E		I	N	A
	S		N	A	N	T	I
L	E	T	T	R	E	E	S

HÉROÏNE DE *L'ODYSSÉE*

CREUSER D'ORNIÈRES

MALGRÉ CELA

GROUPE DE TRAVAIL

GERMER DANS UN ESPRIT

RÉCUSAI

TUILE

REPRÉ-SENTANT

NIAIS ET MOU

SYMBOLE D'UN GAZ RARE

BOMBE UN PEU ANCIENNE

SULTANAT

COUPER LE PRÉ

PROFOND SOMMEIL

À L'IMAGE D'UN PÈRE POUR UN FILS

IL FAIT DIS-PARAÎTRE LA LAINE

GENS SECRETS

BASQUES

AU NIVEAU DE LA CEINTURE

FINIT TOUJOURS PREMIER

1er

FÉVRIER

8 h 24 – 17 h 44

Ste Ella

■	P	■	P	■	E	■	A
D	E	F	O	N	C	E	R
■	N	O	U	I	L	L	E
X	E	■	R	A	O	U	T
■	L	O	T	I	R	■	I
C	O	M	A	■	E	T	E
■	P	A	N	S	■	E	R
V	E	N	T	R	A	L	E

CÉDER À LA COLÈRE (S') FROMAGE À RÂPER		BORD DE SEINE LEVIER À MAIN		SA CHALEUR EST ATTENDUE CONTESTE		BADAUDS ADVENUE	
MISERA CORDE POUR LE CHEVAL							
					ROUTE NATIONALE TONUS		
IMITE LE CERF VÉLO SPORTIF				ELLE PEUT VOLER DANS LES DEUX SENS A POUFFÉ			
			APERÇU UNE NOUVELLE FOIS FILET D'EAU				
ÉVENTRER PREMIER MOT ÉMIS							
				DEVANT CE QUI EST À LUI OU À ELLE			

2

FÉVRIER

8 h 22 17 h 46

Présentation du Seigneur

	E		B		E		F
E	M	M	E	N	T	A	L
	P	A	R	I	E	R	A
L	O	N	G	E		R	N
	R	E	E		P	I	E
V	T	T		R	E	V	U
	E	T	R	I	P	E	R
A	R	E	U		S	E	S

D'OCTOBRE OU NOVEMBRE

PRENDRE SON TEMPS

BIEN REMPLIE

FAMEUX CROONER

SERAS UN FAN

APPELER SA BICHE

S'AGITE AVEC JOIE

SUR LA BOUSSOLE

BONNE GÂCHETTE

BARIL AU CHAI

ADMINISTRATEUR D'UNE COMMUNE

GREFFE

GARDA POUR LUI

RADIO EUROPÉENNE

RAPPORT EN MATHS

ARGON ABRÉGÉ

LOUEUR DE TRANSATS

L'AMOUREUX DE VIRGINIE

3

FÉVRIER

8 h 21 17 h 48

St Blaise

	A		G		A		F
M	U	S	A	R	D	E	R
	T	I	R	E	U	S	E
T	O	N	N	E	L	E	T
	M	A	I	R	E		I
E	N	T	E		R	T	L
	A	R		P	A	U	L
P	L	A	G	I	S	T	E

DENVER EST SA CAPITALE

HAR-MONIEUX

ÉTABLIT LE TRAJET

ELLE NOUS FAIT MARCHER

HOMMES DE COULEURS

PIERRES FINES

CONDUITE

LA TOILE

CONDIMENT DE CÉSAR

COMBLÉE

D'ABORD AGRÉABLE

POLICE SPÉCIALE

ON S'Y REN-CONTRAIT APRÈS UN SOUFFLET

JEAN, SCULPTEUR ALSACIEN

EAU DES PYRÉNÉES

IL FAUT EN ÊTRE UN POUR GAGNER

BONS GARDIENS

FERA DE LA PLACE

4

FÉVRIER

8 h 19 — 17 h 49

Ste Véronique

■	C	■	R	■	P	■	G
H	O	M	O	G	E	N	E
■	L	A	U	R	I	E	R
C	O	N	T	E	N	T	E
■	R	I	A	N	T	■	E
P	A	F	■	A	R	P	■
■	D	■	O	T	E	R	A
M	O	L	O	S	S	E	S

CAJOLER ENFANT GROS ET GRAS		PARTIE DU PIED VIEILLE VOITURE		LANIÈRE PAS DES MASSES		SIGLE AU FRONTON DE LA MAIRIE CITADINE	
UN GARS JAMAIS CONTENT REPLIE UNE TIGE							DES GENS COMME VOUS ET MOI
ON LE PREND AVEC UN MICRO LE LEVANT				RONGEUR NUISIBLE PASSAGE SÉCURISÉ			
			LE MOMENT DE LA SÉRÉNADE CONJONCTION				
CUITES À L'ÉTOUFFÉE		TYPE D'ÉTOILE, TOUTE PETITE					

5

FÉVRIER

8 h 18 17 h 51

Ste Agathe

	C		T		C		R
P	A	T	A	P	O	U	F
	R	A	L	E	U	R	
R	E	C	O	U	R	B	E
	S	O	N		R	A	T
E	S	T		S	O	I	R
	E		N	A	I	N	E
B	R	A	I	S	E	E	S

TRAGÉDIE DE RACINE / VARIÉTÉ DE SAVON		BANDE DE DÉCOR / RENDRE BEAU		FIGÉ / ENCOURA-GEMENT ESPAGNOL		AUTEUR DE CONTES / COURT APPEL	
SE MOQUER / LABOURÉE EN SURFACE							
						IL SE DONNE DÈS LA NAISSANCE	
QUI NE SE FAIT PLUS ATTENDRE / TITRE ANGLAIS				COMPLÉ-MENT DE SALAIRE / DISTINGUÉS			
			PROMESSE QUE L'ON SE FAIT À SOI-MÊME / POUAH !				
RANGENT LA CARRIOLE		IL A SA PLACE AU STAND DE TIR					

6
FÉVRIER

8 h 16 17 h 53

St Gaston

■	B	■	F	■	S	■	P
R	E	P	R	O	C	H	E
■	R	A	I	L	L	E	R
H	E	R	S	E	E	■	R
■	N	E	E	■	R	S	A
S	I	R	■	V	O	E	U
■	C	■	F	U	S	I	L
R	E	M	I	S	E	N	T

FROMAGE D'ITALIE

ADEPTES DE LA BOMBE

VICTIME DE CHARLOTTE CORDAY

UN PEU DE TITANE

BALANCER L'ENCENSOIR

BROCHAIS

GRAND ORATEUR GREC

ALCALOÏDE

MACHINE POUR PARQUET

MUSIQUE DE FILM

VOIE

JEUNE ÉQUIDÉ

CHIEN DE CHASSE

PARASOL VERT

TABLETTE AUTREFOIS UTILISÉE EN IMPRIMERIE

AIR CHANTÉ EN SOLO

IL FAISAIT HÂLER

ALGUE À MAKI

NAÏVES

CE QUI EST DERRIÈRE EST ÉLIMINÉ

7

FÉVRIER

8 h 15 17 h 54

Ste Eugénie

	P		M		A		I
F	E	T	A	R	D	E	S
	C	I	R	E	U	S	E
B	O		A	L	L	E	E
	R	A	T	I	E	R	
P	I	N		A	R	I	A
	N	O	R	I		N	I
B	O	N	A	S	S	E	S

OUBLIENT DE DIRE

APPEL QUI SE VEUT DISCRET

EXCURSION

DU GAZ ET DU PÉTROLE

ELLE FAIT PARFOIS MENTIR

ENCOURAGÉE

À NETTOYER

PREND LE RISQUE

EMMAGASINE

POUR ÉCOURTER LA LISTE

METTRE ENSEMBLE

CONCRET

PETIT SIGNE DE PONCTUATION

COMME LE BON AIR DES MONTAGNES

BRISÉ

IL PORTE DES GRAINS

MOT POUR SUPPOSER

ARRIVÉES PAR LA MÈRE

RACCOURCI POUR UNE EUROPE

LIEUX DE TRAVAIL

8

FÉVRIER

8 h 13 – 17 h 56

Ste Jacqueline

■	O	■	P	■	V	■	E
O	M	I	S	S	I	O	N
■	E	N	T	A	S	S	E
E	T	C	■	L	I	E	R
■	T	I	R	E	T	■	G
P	E	T	E	■	E	P	I
■	N	E	E	S	■	U	E
A	T	E	L	I	E	R	S

COMMENCEMENT D'UN EXPOSÉ
JOLI JONC

DIVISÉ
PARAGRAPHES

PETIT GROUPE
ANIMAL AUSTRALIEN

TUTEURS POUR BRAS CASSÉS
MISE SUPÉRIEURE

USANT JUSQU'À LA CORDE
COLLINE OU TERTRE

NON CONFORME À LA RAISON
TENTÉE

CENT LITRES
PRONOM RÉFLÉCHI

UN MARIN D'ORIGINE
PHASE DE LA LUNE

TYPE D'ENTREPRISE
ROMPS LE BAIL

IL EST VITE MOUILLÉ LORS DE L'EFFORT

9
FÉVRIER
8 h 12 — 17 h 58
Ste Apolline

■	P	■	S	■	C	■	A
B	R	A	C	E	L	E	T
■	E	L	I	M	A	N	T
E	M	I	N	E	N	C	E
■	I	N	D	U	■	H	L
O	S	E	E	■	S	E	L
■	S	A	■	P	O	R	E
R	E	S	I	L	I	E	S

PAPIL-LONNER / FIGURES		GARDE-CORPS / QUI A BESOIN DE REPOS		ILS SONT DOUX / COUCHA SUR DES FEUILLES		TROP VERTE / INTRODUITE	
JOYEUSE EN HAUTE-SAÔNE / FIN TACTICIEN							
ANTILOPE AFRICAINE / LE PÈRE DE LA MER							IL NE BAT PLUS LA CAMPAGNE
				C'EST IMMENSE CHEZ LE MÉGALO-MANE			
VIGNETTES DE PAGES / ROCHE SÉDIMEN-TAIRE							
				DONNE L'OCCA-SION DE RENVOYER LA BALLE			

10

FÉVRIER

8 h 10 17 h 59

St Arnaud

■	V	■	P	■	A	■	O
L	O	S	A	N	G	E	S
■	L	U	R	O	N	N	E
S	T	R	A	T	E	G	E
■	I	M	P	A	L	A	■
E	G	E	E	■	E	G	O
■	E	N	T	E	T	E	S
G	R	E	S	■	S	E	T

ENTARTRÉ

CONVERSATION, DISCUSSION

DEGRÉ D'UNE HIÉRARCHIE

FIT DES MARQUES

PINGRERIES

EST-NORD-EST

PARFAITEMENT INEPTES

REGROUPÉE

FAISANT LE FIER

CENTRE D'ACHAT

SERVICE GAGNANT

FIT DU RÂPÉ

CE SONT DES CONIFÈRES

SUIVIS DES YEUX

ELLE FAIT PARTIE DU GROUPE TF1

PRÉFIXE

DEVANT L'HOMME DU VATICAN

ISSUS D'UN CROISEMENT

GOUTTELETTES SUR LES VITRES

11

FÉVRIER

8h08 18h01

Notre-Dame de Lourdes

■	E	■	G	■	A	■	B
E	N	T	R	E	V	U	E
■	C	R	A	N	A	N	T
B	R	A	D	E	R	I	E
■	A	C	E	■	I	F	S
U	S	A	■	L	C	I	■
■	S	■	B	U	E	E	S
M	E	T	I	S	S	E	S

DÉBATTUE / POINT D'ANCRAGE		BANDES D'ANIMAUX / XÉNON		BRILLANTS OU SOLITAIRES / OURDIES		BONS CAPTEURS / MOITIÉ DU JARS	
COMPRI-MAIT / LANGUE DU SUD MÉDIÉVAL							
		BIEN TASSÉE					
SAVANT RELIGIEUX DE L'ISLAM / MOT DE LIAISON						PETITE SURFACE DE TERRAIN	
		HABITANT DE SEIN / CLUB DE FOOTBALL					
DE COLMAR À BREST / MANTEAUX À POILS			GRAVE QUESTION POUR HAMLET				

12
FÉVRIER

8 h 07 18 h 03

St Félix

■	D	■	H	■	D	■	A
F	I	X	A	T	I	O	N
■	S	E	R	R	A	I	T
O	C	■	D	A	M	E	E
■	U	L	E	M	A	■	N
E	T	■	S	E	N	A	N
■	E	O	■	E	T	R	E
P	E	L	I	S	S	E	S

PLAT À GRATINER

CONCLUANTE

LIGUE DES BULLS DE CHICAGO

BOUCHÉES

PRENDRE À SA CHARGE

PRÉNOM ROMANESQUE

PETIT BENJAMIN

BOULE À ZÉRO

DÉMISSION PARENTALE

LETTRES EXPLOSIVES

EMPLOYÉ POUR REPOUSSER

REPAS D'APÔTRES

LES HIGHLANDERS LE PARLENT

FÊTE À LILLE

POINT DE RAVITAILLEMENT

QUI NE FAIT PAS UN PLI

ANCIENNES MONNAIES

EN DROIT, FAIT TORT...

S'EXPRIME COMME UN PORTEUR DE BOIS

13

FÉVRIER

8h05 18h04

Ste Béatrice

	B		N		E		B
P	R	O	B	A	N	T	E
	A	B	A	N	D	O	N
T	N	T		N	O	N	
	D	U	C	A	S	S	E
B	A	S	E		S	U	R
	D	E	N	I	E	R	S
L	E	S	E		R	E	E

ANTENNE / PIGEONS RAMIERS		ENFANTS DES RUES / ELLE SE COMPOSE D'ARTICLES		AVEUGLÉ PAR LE SOLEIL / SPECTACLE À PLEURER		DIRECTION DU VENT / RÉSOUT L'ÉNIGME	
TRANCHE DE VIANDE / FRAGMENT DE ROCHE							
							DES ANGLAIS ANOBLIS
MORCEAU POUR VIRTUOSE		MÂLES BÊLANTS / TISSU POUR CHEMISES D'ÉTÉ					
				CHIFFRES ROMAINS / DONC CONNU			
MEUBLES D'UN DORTOIR / MIS À L'INDEX					DOCTEUR EN ABRÉGÉ		

14
FÉVRIER
8 h 03 — 18 h 06
St Valentin

	P		P		E		E
P	A	L	O	M	B	E	S
	R	O	U	E	L	L	E
C	A	I	L	L	O	U	
	B		B	O	U	C	S
S	O	L	O		I	I	I
	L	I	T	S		D	R
C	E	N	S	U	R	E	S

DÉCIDÉE SANS DISCUSSION GRAND SIMULATEUR		AROMATISA IL ÉTAIT TRAITÉ À LA SPARTIATE		ELLE S'OPPOSE AU PLAISIR CONTRÔLEUR		ON Y VA POUR DU BEURRE ANCIENNE NOTE À CLÉ	
ACHETEUSE POTENTIELLE BOUT DE BALAI							
						LE PETIT EST CUISINÉ PAR LE CHEF	
AUTORITÉ SOUVERAINE INDIEN DE L'UTAH					FORME LE PRONOMINAL *PS* POUR LES GRECS		
			BARRE DE PORTE MARQUE UNE POSSESSION				
QUI A DONC UN NOUVEL ÉPOUX		MÉLANGE DE CÉRÉALES ET DE FRUITS					

15
FÉVRIER

8h01 18h08

St Claude

	D		A		G		C
F	E	I	N	T	E	U	R
	C	L	I	E	N	T	E
B	R	O	S	S	E		M
	E	T	A	T		S	E
U	T	E		E	P	A	R
	E		M	U	S	L	I
R	E	M	A	R	I	E	E

ÉTRANGLER PAR-DERRIÈRE / CHANTIERS NAVALS		NOBLE / IL FINIRA AU FEU		PASSÉ / CHASSÉ, IL REVIENT VITE		POUSSES LE BOUCHON / NOTE RÉTRO	
CAPITALE DE L'ÉTAT DE GÉORGIE / ÉLANCÉ							
						CHERCHE LE BOUQUET	
ÉMISSION ENFANTINE / ANCIENNE FIN DE MESSE					PERSONNEL / ELLE A DU CARACTÈRE DÈS LE MATIN		
			DONNER UN COUP DE FER / SAINT BIGOURDAN				
DÉSAGRÉABLES COMPÈRES		GRANDE PLUME D'OISEAU					

16

FÉVRIER

8h00 18h09

Ste Julienne

■	C	■	B	■	F	■	E
A	R	S	E	N	A	U	X
■	A	T	L	A	N	T	A
S	V	E	L	T	E	■	G
■	A	R	E	U	■	S	E
I	T	E	■	R	U	E	R
■	E	■	P	E	N	N	E
O	R	G	E	L	E	T	S

ENVAHIRA

CONTEMPORAINE

SUINTA

OUVERTURES DANS LA HAIE

DE COULEUR AZURÉE

OK, C'EST D'ACCORD !

PREND LA DIRECTION

APPAREIL OPTIQUE

QUI FAIT LE MATAMORE

IL FAIT LA PAIRE

ARGENT POPULAIRE

BLANCHE CANDEUR

SUPPORT SUR LE PARCOURS

QUI NE FAIT DONC PAS L'OMBRE D'UN DOUTE

CLAIRS ET PRÉCIS

ABRÉVIATION PIEUSE

RENVOIE À SON PROPRIÉTAIRE

RAMENER LA PAIX

BIEN PLUS FAMILIER QUE VOUS

17

FÉVRIER

7 h 58 · 18 h 11

Mardi gras • St Alexis

■	O	■	S	■	B	■	G
A	C	T	U	E	L	L	E
■	C	R	A	N	E	U	R
D	U	O	■	T	U	N	E
■	P	U	R	E	T	E	■
T	E	E	■	N	E	T	S
■	R	E	N	D	■	T	U
R	A	S	S	U	R	E	R

BARBU DE LÉGENDE

DÉSACCORD CONJUGAL

FEMMES DE LETTRES

ASSISTÉ

SUIVIE PAR LE LIMIER

NON ADMIS

AGITÉES, STRESSÉES

SUSCEPTIBLE DE CHOQUER

REPASSÉ SUR LE MÉTIER

SE FAIRE DE LA BILE

UNE VIEILLE QUERELLE

PAS FORCÉMENT CERTAIN

BAGUE EN OR

EST-SUD-EST

LE NOUVEAU EST PETIT

PARADIS DE NOS AÏEUX

GRANDE PUISSANCE

DES PROS DU CALIBRAGE

18

FÉVRIER

7 h 56 18 h 13

Ste Bernadette

■	P	■	A	■	P	■	E
D	E	S	U	N	I	O	N
■	R	E	T	I	S	S	E
S	E	C	R	E	T	E	R
■	N	O	I	S	E	■	V
J	O	N	C	■	E	S	E
■	E	D	E	N	■	U	E
A	L	E	S	E	U	R	S

DÉLÉGUER

BELGE

OVATIONS DE FOULE

SE MONTRER ATTACHANT

FOU

AUSSI VAINE QU'UNE PIE SANS AILES

SAUCISSON DANS LA SALADE

QUI RESTE À ÉLEVER

FAIRE MARCHER AU QUÉBEC

PORT UKRAINIEN

FAIT ÉVENTUELLEMENT USAGE DE POUDRE

BILLET DOUBLE

INFORMATION EN IMAGES

AMÉLIORE LE SAUVAGEON

IL INCITE À LA PARADE

PAS SANS MALMAISON

FORT INTÉRIEUR

ILS PORTAIENT DES ARMES

BOUCHES DE FEU

IL CHAUFFA DES OREILLES ANTIQUES

19

FÉVRIER

7 h 54 18 h 14

St Gabin

	M		O		I		C
W	A	L	L	O	N	N	E
	N	I	A	I	S	E	R
O	D	E	S	S	A		V
	A	R		E	N	T	E
J	T		R	U	E	I	L
	E	C	U	S		R	A
C	R	A	T	E	R	E	S

DRESSER LES POILS / PARLEMENTAIRE		DONNA DU GOÛT / TRAVAIL D'ENTRELACEMENT		AGRÉABLE ET CHARMANT / ATTIRÉES		CHEVELURE ABONDANTE / DANS LA GAMME	
EFFET CINÉMATOGRAPHIQUE / ÉNUMÉRANT							
						ON PEUT Y METTRE LES PIEDS PAR MALADRESSE	
PETIT SAINT / COMME LA JUMENT JAUNE			REFUGE DE SIOUX / PAROLE DE MOUTON				
MER DE GRÈCE / LE VEAU Y PAÎT					TICKET POUR PARTIR ET REVENIR		
			LIEU MITRAILLÉ PAR DES TOURISTES				

20
FÉVRIER

7 h 52 18 h 16

Ste Aimée

■	H	■	S	■	G	■	C
S	E	N	A	T	E	U	R
■	R	A	L	E	N	T	I
C	I	T	A	N	T	■	N
■	S	T	■	T	I	P	I
I	S	A	B	E	L	L	E
■	E	G	E	E	■	A	R
P	R	E	■	S	I	T	E

TOUJOURS PAREIL

FAST-FOOD

IL AIME LES BONNES ACTIONS

PARLEUR COLORÉ

TOUT À FAIT ACQUIS

EFFETS DE JUDOKAS

BOUQUET À DÉGUSTER

SYMBOLE DE L'ARGON

AUGMENTER, S'INTENSIFIER

PAILLE DE TOIT

REPOUSSER L'ACCUSATION

C'ÉTAIT JAMAIS, AUTREFOIS

ELLE FAIT LE POIDS

HÉROS DE CORNEILLE (LE)

ELLE TOMBE CHAQUE SOIR

SUR LE *DO*

UN TOUR EN ITALIE

QUI VOUS FAIT MARCHER

CELA NOUS LAISSE ESPÉRER UNE SUITE

21

FÉVRIER

7 h 51 18 h 18

St Pierre-Damien

■	I	■	S	■	O	■	C
S	N	A	C	K	B	A	R
■	C	R	O	I	T	R	E
C	H	A	U	M	E	■	V
■	A	■	T	O	N	N	E
O	N	C	■	N	U	I	T
■	G	I	R	O	■	E	T
P	E	D	E	S	T	R	E

BON POTENTIEL

FÉLINS TACHETÉS

SALE... SALE !

PRINCE FUYARD

IL A DE LA BOUTEILLE

MOU-FLETTES

RETIRER LE SOMMET

DÉTES-TABLE

AU RYTHME HALETANT

LIMOGE

MANQUE DU NÉCES-SAIRE

CE N'EST QUE TROMPERIE

IMPASSIBLE

ABRI SUR LE PONT

INSECTE DES EAUX STAG-NANTES

L'AQUI-TAINE EN BREF

DIPLÔME

C'EST PAS FAUX !

22

FÉVRIER

7 h 49 18 h 19

Ste Isabelle

	G		O		C		E
V	I	G	N	E	R	O	N
	S	A	C	C	A	D	E
R	E	M	E	R	C	I	E
	M	I	S	E	R	E	
Z	E	N		T	A	U	D
	N	E	P	E		S	O
B	T	S		R	E	E	L

PALPABLE / TISSU DE ROBE		DE DAKAR OU DU CAP / PERDRE LES PÉTALES		DÉPLAÇA / IL EST VIVANT		AFFAIBLIE / APPRÉHENDÉE PAR LA POLICE	
VIANDE HACHÉE / DONNER L'ONCTION							
				DEUXIÈME SON DE LA GAMME / POINT RAPIDE			
DÉTENU DE FAÇON ILLICITE / EXPRIMERA SA PENSÉE							POUR DÉSIGNER
			ET TOUT LE RESTE QUI EST FORT LONGUET / SORTI				
ÉLÉMENTS DU SYSTÈME SOLAIRE		NATURELLE, PAS ACQUISE					

23

FÉVRIER

7 h 47 — 18 h 21

St Lazare

	M		A		O		U
T	A	F	F	E	T	A	S
	T	A	R	T	A	R	E
B	E	N	I	R		R	E
	R	E	C	E	L	E	
D	I	R	A		E	T	C
	E		I	N	N	E	E
P	L	A	N	E	T	E	S

DÉCIDER FRANCHEMENT / FLORISSANT		BIEN INSTALLÉ / POINT CHARNUE		DANSE DE BAL / FLEURS OU RÉFLEXIONS		GRANDES FROUSSES / FAIT LA BÊTE	
FRAPPER / LAISSER ENTENDRE							
NE PERSISTE PAS / CENTRE DE SOINS						DÉPARTEMENT DE BOURG-EN-BRESSE	
			IL SE REFERME ET ON EST BLOQUÉ / LA SÉCU				
ELLE SUPPORTE LA VIANDE / SALADES D'EAU					L'IRIDIUM POUR LE CHIMISTE		

24
FÉVRIER

7 h 45 18 h 22

St Modeste

■	T	■	A	■	M	■	T
P	R	O	S	P	E	R	E
■	A	S	S	E	N	E	R
I	N	S	I	N	U	E	R
■	C	E	S	S	E	■	E
C	H	U	■	E	T	A	U
■	E	S	S	E	■	I	R
C	R	E	S	S	O	N	S

POSERA UN LAPIN
ARBRES À FRUITS ROUGES
BIEN DÉFRAÎCHI
ON Y TRAVAILLE À LA CARTE
AIDE
ÉTAT DES U.S.A.
TEL UN PROPOS CORSÉ
FLORILÈGE
AMÉNAGÉE
COURS AU TYROL
DOSSIER
ILS VIVENT DE LEUR ART
RÉCITE SON BRÉVIAIRE
TOMBER EN RUINE (SE)
UNE FILLE CANON
FOLICHON
UNE ÉTAPE DANS LES VOSGES
À TENTER
SUIT L'HENRI DE CATHERINE DE MÉDICIS

25
FÉVRIER
7 h 43 18 h 24
St Roméo

	P		U		S		O
A	L	I	S	I	E	R	S
	A	G	E	N	C	E	E
I	N	N		D	O	C	
	T		P	I	N	U	P
D	E	G	R	A	D	E	R
	R	A	O	N		I	I
F	A	I	S	A	B	L	E

ELLE EST PRISE EN REMORQUE / ATTACHÉ-CASE		PROTESTATIONS / DEBOUT		TYPE DE VÉLO / NOIRCIS DES PAGES		LANCÉ, IL FAUT LE RELEVER / FERAI FEU	
QUI NE RESTE PAS DE MARBRE / CHARMER							
					A ÉTÉ BIEN CONTENT / MINA		
CAPITALE DE LA VÉNÉTIE / DIEU À RAYONS							ÉVACUE PAR LES PORES
		EMPEREURS RUSSES / DIRECTIONS OPPOSÉES					
RESCAPÉ DU DÉLUGE / REPASSE LA VESTE				VILLE AU PIED DES PYRÉNÉES			

26

FÉVRIER

7 h 41 — 18 h 26

St Nestor

	C		P		V		D
M	A	L	L	E	T	T	E
	R	E	A	C	T	I	F
R	A	V	I	R		R	I
	V	E	N	I	S	E	
R	A		T	S	A	R	S
	N	O	E		P	A	U
R	E	E	S	S	A	I	E

PARTIE SANS LAISSER DE TRACES

OLÉODUC

ÉCHASSIER

GRANDE SOIF

SE RESTAURA LE SOIR

JOLIMENT BORDÉE

ELLE FERME LA MARCHE

QUI EST ENFIN LÀ !

RABÂCHER

FIT OBSTACLE (S')

PRONOM POSSESSIF (LE)

PLI EN HAUT DE LA JAMBE

LE PREMIER MOT DU RÊVEUR

TEMPS DE GÉOLOGUE

DANS LES GÈNES

ELLE COUPE LA TÊTE EN DEUX

ADVERBE

COMME UNE CERTAINE NAVIGATION

PERDRE DE SON AUTORITÉ

27

FÉVRIER

7 h 39 18 h 27

Ste Honorine

■	D	■	H	■	D	■	D
P	I	P	E	L	I	N	E
■	S	E	R	I	N	E	R
O	P	P	O	S	A	■	N
■	A	I	N	E	■	S	I
E	R	E	■	R	A	I	E
■	U	■	C	E	D	E	R
A	E	R	I	E	N	N	E

CHEVAL DE PARADE / BROYER DU NOIR		LAC DU JURA / ILS FONT LA HAIE OU LE PORTRAIT		QUI SERT D'EXEMPLE / RALLE AU FOND DES BOIS		MENER / DÉSINENCE VERBALE	
BLAFARD / QUI GÉNÈRE LA LIESSE							
						INVITATION À LA PRESSE	
CONTRE-VENANTE / SUT SE FAIRE ENTENDRE							
				FÊTE RELIGIEUSE / OR DE CHIMISTE			
HOMME SANS NOM / NE PAS OBÉIR SANS MOT DIRE			SE DRESSE AU COIN DU MUR				

28

FÉVRIER

7 h 37 18 h 29

St Romain

■	P	■	N	■	E	■	P
C	A	F	A	R	D	E	R
■	L	U	N	A	I	R	E
F	E	S	T	I	F	■	C
■	F	A	U	T	I	V	E
C	R	I	A	■	A	I	D
■	O	N	■	A	N	T	E
D	I	S	C	U	T	E	R

BRÛLÉ NOUVELLE VENUE		N'AURA PAS BESOIN DE RETOU-CHES CHOIX		DONNERAI DU GOÛT ACCÈS		BIEN MAL ACQUISES MARQUE UNE PARITÉ	
HÉRON DES MARAIS ENTRE X ET XX							
			CHRIS-TIANIA, AUTREFOIS				
MOIRÉ DU SABLE ET DES CAILLOUX						CE N'EST PAS LA PLACE DES PETITES ANNONCES	
			QUI A POUSSÉ AVEC VIGUEUR L'ASTATE				
IL A LA GORGE CREUSE BAN-QUETTES				IL FAIT MOINS DE BRUIT QUAND IL A LE SON			

1er

MARS

7 h 34 — 18 h 31

Fête des grands-mères

St Aubin

■	I	■	I	■	A	■	D
E	N	T	R	A	N	T	E
■	C	R	A	B	I	E	R
X	I	I	■	O	S	L	O
■	N	A	C	R	E	■	B
R	E	G	■	D	R	U	E
■	R	E	A	■	A	N	E
F	E	S	T	O	I	E	S

HOME SWEET HOME / PETITE VILLE		BOÎTES DE BOISSON GAZEUSE / RELATIF AU CHIEN		COMME UN ACCENT / ATTACHE		CALME OLYMPIEN / PÂTÉ DE CAMPAGNE	
DIRIGEANT / EMPLOI TRÈS RE-CHERCHÉ							
ÎLE À PARIS (DE LA) / RÉPONDIT À L'APPEL					SIGLE SUR LA BORNE / VOITURE POUR LE CHEVAL		
				SEPT ROMAIN			
ZONES DÉSERTI-QUES ET CAILLOU-TEUSES		VIVANT, EXISTANT					
				PARTIE POUR TOUTE UNE VIE			

2

MARS

7 h 32 — 18 h 32

St Charles le Bon

■	D	■	C	■	A	■	S
L	O	C	A	L	I	T	E
■	M	A	N	A	G	E	R
S	I	N	E	C	U	R	E
■	C	I	T	E	■	R	N
V	I	N	T	■	V	I	I
■	L	■	E	T	A	N	T
R	E	G	S	■	N	E	E

NE FAIT QUE PASSER / ENZYME		FOULARD, ÉCHARPE / DOTÉE DE SABOTS		COMPTA SECONDE APRÈS SECONDE / FORMULÉS		DÉPASSÉES / LIEU POUR SURFER	
LIRE AVEC PEINE / NOYÉ							
SE FATIGUENT À LA TÂCHE / TERRE DES POTIERS						CORNI-CHON QUI N'A RIEN À DIRE DE PIQUANT	
			CARRÉ D'UNE GRILLE DE JEU				
ELLE SE FAIT EN BOUDANT / GÉNÉRAL SUDISTE					DE BREST À STRAS-BOURG		
			NAPPE-RONS SE GLISSANT SOUS LES ASSIETTES				

3

MARS

7 h 30 — 18 h 34

St Guénolé

■	T	■	E	■	M	■	P
P	R	O	T	E	I	N	E
■	A	N	O	N	N	E	R
E	N	G	L	O	U	T	I
■	S	U	E	N	T	■	M
S	I	L	■	C	A	S	E
■	T	E	T	E	■	O	E
L	E	E	■	S	E	T	S

TERRE D'UN SEIGNEUR / CRIARD		DÉCORATION OFFICIELLE / PRÉS À VACHES		TRÈS AÉRÉE / JEU DE PIONS		PASSÉ À L'ANGLAISE / UN INDIEN	
DIT DES HISTOIRES / DANSE ESPAGNOLE							
				FÊTE VIETNAMIENNE / ART DE RUE			
SECONDE MÈRE / VIEUX RACOLEUR						UN ANCIEN QUI ÉTAIT D'ASCENDANT TAUREAU	
ON Y TROUVE LE MÉMORIAL DE GOETHE / RÈGLES					A PROUVÉ SA BONNE HUMEUR		
			IL AIMERAIT BIEN QU'ON LUI DONNE LA PAROLE				

4

MARS

7 h 28 18 h 35

St Casimir

	B		M		V		P
T	A	P	A	G	E	U	R
	R	A	C	O	N	T	E
J	O	T	A		T	E	T
	N	U	R	S	E		E
E	N	R	O	L	E	U	R
	I	E	N	A		R	I
T	E	S		M	U	E	T

QUI A REPRIS DU POIL DE LA BÊTE / GRUYÈRE		CHAMAILLERIE / COUP GAGNANT AU TENNIS		SURFACE AGRICOLE / BAGUENAUDE		ÉTRIQUÉES / DONC CORRIGÉ	
POSER UN CACHET / PRENDRA LE RISQUE							
					QUI N'A PAS ÉTÉ DOUBLÉ / COMMÉMORATION		
MISE À SAC		ÉCHAPPÉ / ARTICLE PLURIEL					
						CELA ANNONCE FORCÉMENT UNE SUITE	
IL RELÈVE CE QUI EST PLAT / PETITS PASSEREAUX				ÇA FAIT PARTIE DE L'ATTIRAIL DU GOLFEUR			

5

MARS

7 h 26 18 h 37

Ste Olive

	R		Q		S		E
B	E	A	U	F	O	R	T
	S	C	E	L	L	E	R
O	S	E	R	A		V	O
	A		E	N	F	U	I
P	I	L	L	E	E		T
	S	E	L		T	E	E
O	I	S	E	L	E	T	S

HIPPIQUE CANAUX SOUTER- RAINS OU AÉRIENS		ILS NE SONT PAS À PRENDRE POUR DES RÉALITÉS		AIGRE- LETTES BROU- TILLES		FLOTTES DE NAVIRES UN DÉBUT D'EXPLI- CATION	
SE DEMAN- DERA		AMAS DE GLACE SERVICE DE PRESSE					
PETIT POIS- SON MARIN, VOISIN DU HARENG PLUS						APRÈS LE *PATER* SUR UN CHAPELET	
		INSTRU- MENT DE MUSIQUE EN INDE PLATINE					
RÉVÉREND PÈRE GROSSES GOURDES			SORT DU LIT				

6

MARS

7 h 24 18 h 39

Ste Colette

	E		D		S		E
A	Q	U	E	D	U	C	S
	U		S	E	R	A	C
H	E	S	I	T	E	R	A
	S	P	R	A	T		D
E	T		S	I	T	A	R
	R	P		L	E	V	E
B	E	T	A	S	S	E	S

AVEC ELLE ON S'ACCROCHE

LIEUX DE RETRAITE

C'EST COMME DAB

DU BOUT DU MONDE

STATUE EN PRIÈRE

DÉBAUCHÉ

ÉRODÉE

CONDUISAIT À LA CHAMBRE

NATURELLE

ALLÉGATION VENIMEUSE

EMBARCATIONS NON PONTÉES

CHIFFRE ANTIQUE

ON S'Y TIENT SANS BOUGER NI PARLER

IL REFUSE D'ADMETTRE LE PROGRÈS SOCIAL

EN PRIT ET EN LAISSA

UN HOMME DU SUD

DAME DE CŒUR DEVENUE DAME DE TRÈFLE

DIVISÉ POUR LA CONSTRUCTION

7

MARS

7 h 22 18 h 40

Ste Félicité

■	T	■	D	■	O	■	U
R	E	P	A	I	R	E	S
■	N	O	R	M	A	L	E
C	A	L	O	M	N	I	E
■	C	A	N	O	T	S	■
I	I	I	■	R	E	A	C
■	T	R	I	A	■	I	O
L	E	E	■	L	O	T	I

ÉVINCERA / USINES SIDÉRURGIQUES		COMMERÇANTE / CRÉTIN		DOUX AU TOUCHER / ÎLE PRÈS DE LA ROCHELLE		QUI PEUT FAIRE ROUGIR / PLANCHER SURÉLEVÉ	
INSCRIPTION SUR L'ENVELOPPE / L'ARGENT DU PEUPLE							
				PETITE SAINTE / LIQUIDE DE L'ANCIEN TEMPS			
REGARDER AVEC DÉFI / CARTE DU CIEL							TRANSPORT EN RÉGION PARISIENNE
					ARGON ABRÉGÉ / GRAND CHAMPION		
SE MONTRER OISIF		MOUVEMENT QUI DÉSARÇONNE					

8
MARS
7 h 20 18 h 42
St Jean de Dieu

■	E	■	M	■	L	■	O
A	C	I	E	R	I	E	S
■	A	D	R	E	S	S	E
F	R	I	C	■	S	T	E
■	T	O	I	S	E	R	■
M	E	T	E	O	■	A	R
■	R	■	R	U	A	D	E
P	A	R	E	S	S	E	R

PERCEPTIBLE

BERGERS DES TROUPEAUX

QUI BÉNÉFICIENT D'UN CULTE

RABATTRE SON COL

PRÉCISION DANS L'ADRESSE

AUX YEUX DE TOUS

GAULOISE

FUNESTE

TROMPÉE

PROGRAMME NUMÉRIQUE

TOUT UN SYMBOLE POUR UN MÉTAL

ATOMES

VIEILLE CITÉ

OISEAU SACRÉ EN ÉGYPTE

ÇA NE SE PLANTE QU'AU DÉPART DU PARCOURS

ANCIENNE ARMÉE

UN FORT DE LA BATAILLE

IL COUVRE LE MUR

GARNIE DE POINTES

UN PILIER QU'ON A MIS AU COIN

9

MARS

7 h 18 18 h 43

Ste Françoise

	P		A		T		O
G	A	R	D	I	E	N	S
	L	E	U	R	R	E	E
A	P	P	L	I		F	E
	A	L	E	S	I	A	
I	B	I	S		O	S	T
	L	E		A	N	T	E
H	E	R	I	S	S	E	E

ÉCRIRE EN BRODANT

COUP QUI MONTE À LA TÊTE

QUI BRÛLE

JEU DE CARTES

COMBATTIS EN HABIT DE LUMIÈRE

ENTRÉES D'ASIE

FAIRE ENCORE

BASIC OU HTML

DIRIGERAI

CÉRÉMONIE DU JEUDI SAINT

QUI N'EST PLUS ATTENDU

À L'ÉTAT NATUREL

QUI MÉRITE L'IMAGE

CONVEN-TIONS COL-LECTIVES

POISSON MARIN

CHEF DE L'EMPIRE

CROCHET DOUBLE

APPEL AU LOIN

ELLE FUT ADORÉE MAIS FOULÉE AUX PIEDS

PASSER D'UN TON À L'AUTRE

10

MARS

7 h 16 18 h 45

St Vivien

	R		I		T		R
T	O	R	G	N	O	L	E
	M	E	N	E	R	A	I
L	A	V	E	M	E	N	T
	N	E		S	A	G	E
E	C	R	U		S	A	R
	E	S	S	E		G	E
C	R	I		M	U	E	R

ENSEVELIE

DIGNE D'UN CONTE DE FÉES

IL NOUS TIENT EN HALEINE

SYMBOLE DU COBALT

SOLIDAIRE

RENDU PLUS SALUBRE

AÉRÉE

ELLE DOMINE LA CITÉ

ÇA FAIT FAIRE DES GRIMACES

CRI DU MOUTON

BLONDE POUR TRISTAN

MAUGRÉA

TERMINAISON DE VERBE

A BIEN RÉAGI AU GAG

TAXES INCLUSES

ON Y PASSE LA NUIT

C'EST LA VERSION DOUBLÉE

FACTEUR RHÉSUS

AUQUEL ON A OUVERT LE BIDE

ESSARTÉ

11

MARS

7 h 14 18 h 46

Ste Rosine

■	E	■	T	■	U	■	V
E	N	C	H	A	N	T	E
■	T	O	R	S	I	O	N
B	E	■	I	S	E	U	T
■	R	A	L	A	■	R	I
E	R	■	L	I	T	■	L
■	E	V	E	N	T	R	E
D	E	F	R	I	C	H	E

ISSU DE DEUX CONTI-NENTS / PRÉCISION		BUREAU DE NOTAIRE / FRA-GRANCE		LETTRE AVANT *OMICRON* / CAP À TENIR		IL COMPTE POUR DES PRUNES / ÉVALUÉ	
MEETING / BOUT DE TISSU							
					NOTE DÉSUÈTE / MIS EN MÉMOIRE		
PETITE ÉLUE / BIEN PRÉCIEUX				VOILE DE RÉGATE / SANS ÇA, ON N'A RIEN			
			ELLE MOUILLE LA CHEMISE / FACTEUR SANGUIN				
PIÈCE DE L'UNION / LÉGÈRE-MENT MALADE					ABRÉVIA-TION POUR UN ROI		

12

MARS

7 h 11 18 h 48

Ste Justine

■	E	■	E	■	K	■	C
J	U	S	T	E	S	S	E
■	R	E	U	N	I	O	N
B	A	N	D	E	■	U	T
■	S	T	E	■	S	P	I
V	I	E	■	S	U	E	E
■	E	U	R	O	■	S	M
E	N	R	H	U	M	E	E

DRÔLEMENT CURIEUSE

COMME LA ROSÉE

SILICATE BRILLANT

SIÈGE AFRICAIN

DEMEURE DE BON GOÛT

OFFICIER PUBLIC

CENTRE DE RÉFLEXION

CHEMIN DE BERGE

ENRÔLER DE FORCE

LE PLEIN DE COQUILLES

UNE PETITE BROSSE POUR NETTOYER LE CHATON

COURS FLAMAND

MESURE À QUATRE TEMPS

AU LARGE

PLUTÔT AIGRE

MATIÈRE POUR FAIRE DES CORDES

O.K., VIEUX !

CONTENU DE SAC À MALICES

DÉFRISÉE

LA PERSONNE DU TROISIÈME RANG

13

MARS

7 h 09 18 h 49

St Rodrigue

■	M	■	M	■	P	■	C
M	A	T	I	N	A	L	E
■	R	A	C	O	L	E	R
E	R	R	A	T	A	■	V
■	A	A	■	A	I	S	E
A	N	■	S	I	S	A	L
■	T	O	U	R	■	I	L
D	E	C	R	E	P	E	E

BIÈRE GAULOISE / REPARTI DEHORS		ÉTOURDIE / DEVANT UN VERBE PRONO-MINAL		FIT SON CHOIX / PREND UNE DÉCISION		FOULÉS AUX PIEDS / CRÉE SA PROPRE ÉCHARPE	
FLAIRÉ / DES RAYONS POUR BRONZER							
		COMPTAIT EN MOINS / DIEU SOLAIRE					
GRAND ARBRE À FEUILLES DENTELÉES / C'EST BON !					AVANT APRÈS / ENTRE DEUX ÉCLUSES		
				PERCEP-TION AUDITIVE / A EU LA POSSIBILITÉ			
ON NE PEUT QUE LES SUIVRE		TEL UN NEZ COURT ET LARGE					

14
MARS
7 h 07 18 h 51
Ste Mathilde

	C		A		T		P
R	E	S	S	O	R	T	I
	R	E	S	P	I	R	E
U	V		O	T	A	I	T
	O	R	M	E		C	I
M	I	A	M		S	O	N
	S		E	P	A	T	E
M	E	N	E	U	S	E	S

PLAISANTER

À BOUT DE NERFS (À)

LAME POUR LA GLISSE

CRÉÉE AU CINÉMA

LANGUE INDIENNE

RENOMMÉ, RÉPUTÉ

UNE BASE POUR DES SUCRES

JOUER LA FILLE DE L'AIR (S')

HABITUA L'ÉQUIPAGE À VIVRE À BORD

DRELIN !

VÉHICULE LÉGER

IMAGE EN FIN DE PROGRAMME

AXE ROUTIER

IL REND TOUT CHOSE

BAGATELLE

NON PLUS

POUR PARLER DES HOMMES

SIED

RENDUE NOIRE AVEC DU ROUGE

SENS ESTHÉTIQUE

OUVERT À TOUS LES COURANTS

15

MARS

7 h 05 18 h 53

Ste Louise

■	C	■	C	■	S	■	R
C	H	E	R	O	K	E	E
■	A	M	A	R	I	N	A
D	R	I	N	G	■	V	L
■	R	N	■	E	M	O	I
R	I	E	N	■	I	L	S
■	E	N	I	V	R	E	E
A	R	T	■	A	E	R	E

PSYCHIQUE

ELLE NE CONNAÎT PAS LES AUBES

UNE RÉGION DU CIEL

MIS BAS

ÉLAN DE TENDRESSE

POMPES

À CREUSER SI NÉCESSAIRE

C'EST UNE UTOPIE

NON ADMISE

APPROXIMATIVE

SAC DE TAILLE

JAUNE ET NOIR CONVOITÉS

ILS SONT PARFOIS COMPTÉS PAR CENT

PRONOM PERSONNEL

LETTRES D'UN PÈRE

PERMET DE RÉPARER UN OUBLI

ELLES SONT SOUVENT ROYALES

LAVIS À L'ENCRE

16

MARS

7 h 03 18 h 54

Ste Bénédicte

■	C	■	D	■	C	■	I
L	E	V	E	T	A	R	D
■	R	E	C	A	L	E	E
R	E	L	A	T	I	V	E
■	B	A	N	A	N	E	■
O	R	S	■	N	■	R	P
■	A	■	S	E	P	I	A
A	L	T	E	S	S	E	S

CAPACITÉ À PERSÉVÉRER / PAS DRÔLES		ÉTAPE POUR DES ASSOIFFÉS / INVITER		PREMIÈRES APPARITIONS / IL A DU BICEPS		AMENER JUSQU'AU RECYCLAGE / BÂTIE	
CHAUD DEVANT ! / DÉPARTEMENT EN TÊTE							
			ENTRER EN ACTION / UNE COUPE EN BOULE				
QUI RESTE VAGUE / RENIFLEMENT							IL S'ÉCLAIRE DÈS LE PETIT MATIN
				NE VEUT PAS RECONNAÎTRE SA FAUTE			
ENCERCLÉES / SYMBOLE DE NULLITÉ							
				LE MAUVAIS SERVEUR NE L'EMPOCHERA PAS			

■	P	■	B	■	O	■	U
M	A	C	A	B	R	E	S
■	T	O	R	R	I	D	E
A	I	N	■	A	G	I	R
■	E	V	A	S	I	F	■
S	N	I	F	■	N	I	E
■	C	E	R	N	E	E	S
Z	E	R	O	■	S	E	T

AFFIRME HAUTEMENT

ÉCRITS EN REVUE

INDIVIDU QUELCONQUE

FAIRE UN CHOIX

TRIOLET INTIME

FILM D'ANIMATION

ENTRE L'EST ET LE SUD

GAGNE DU TERRAIN

L'ACMÉ DU PLAISIR

ADVERBE DE LIEU

MUSIQUE AU RYTHME RÉPÉTITIF

JOLI COIN

PREND LA MESURE DU POUR ET DU CONTRE

POIDS À JETER

BIGARRÉE, CHAMARRÉE

ADRESSE DU PC

CONSULTES UN OUVRAGE

RÉFLÉCHIE À NOUVEAU

ILS NE SONT PAS TOUS POINTUS

18

MARS

6 h 59 — 18 h 57

St Cyrille

■	P	■	Z	■	E	■	E
A	R	T	I	C	L	E	S
■	O	R	G	A	S	M	E
I	C	I	■	R	A	P	■
■	L	E	S	T	■	I	P
B	A	R	I	O	L	E	E
■	M	■	T	O	I	T	S
R	E	P	E	N	S	E	E

EFFET NUISIBLE / ÇA SE TARTINE À L'APÉRO		COMPLÉMENT DE LA MORTAISE / HAUT POULAILLER		AVEC LUI, IL Y A UN LÉZARD... / VIEUX COMMERCE		DÉNICHÉS APRÈS AVOIR BIEN CREUSÉ / ULTIME	
FAUCON MÂLE / ON S'Y REND POUR PARTIR							
REPLI CUTANÉ / HÉROS DE THÉÂTRE (LE)						CAMILLE, HOMME POLITIQUE ALSACIEN	
			LETTRES POUR UNE ENTREPRISE		SYMBOLE DU STÉRADIAN / LUMEN ABRÉGÉ		
BIEN FIGNOLÉE / SPOLIA							
				MOT DE PROPRIÉTAIRE			

19
MARS
6 h 57 18 h 59
St Joseph

■	M	■	T	■	V	■	D
T	A	P	E	N	A	D	E
■	L	A	N	E	R	E	T
A	E	R	O	G	A	R	E
■	F	A	N	O	N	■	R
C	I	D	■	C	■	S	R
■	C	I	S	E	L	E	E
L	E	S	A	■	M	E	S

ÉGAYERAI LA SOIRÉE / INCOMPLET		DATE D'EXIGIBILITÉ / SON PREMIER SE FÊTE		ATTACHÉS AU RESTE / GRAND VESTIBULE		À CONSOMMER AU PETIT DÉJEUNER / RAMPANT	
ASPIRER PAR LE NEZ / DISTANCE ABRÉGÉE							
		CHOISIR SON CANDIDAT / RIVIÈRE À GORGES					
APPLIQUÉ SUR TOUTE LA TARTINE / AUDACE						OBTENUE APRÈS DEMANDE	
				ASSAISONNEMENT / DEVANT CELUI QUE L'ON FÊTE			
ARMES DE JET / DRÔLES DE TÊTES					RACCOURCI POUR UNE EUROPE		

	A		E		R		C
I	N	A	C	H	E	V	E
	I	N	H	A	L	E	R
K	M		E	L	I	R	E
	E	T	A	L	E		A
C	R	A	N		S	E	L
	A	R	C	S		U	E
B	I	N	E	T	T	E	S

ENTRE LA TÊTE ET LE GARROT / DÉNOM-BRER		CHERCHES À ÊTRE CAPTÉ / GRIZZLIS		PAS TRÈS AUDA-CIEUSE / MATIÈRE DE POTS		CARGAISON DE NAVIRE / À CET ENDROIT	
IDIOTE / RELATIF AU THORAX							
						GLISSE SUR LE CÔTÉ	
PURIN / POINT LE PLUS BAS							ON N'Y A PAS MIS BON ORDRE
			SON ASTRE EST LA LUNE / L'OR DU CHIMISTE				
ROUE À GORGE / DITES EN PEU DE MOTS				CIRCUIT AUTO-MOBILE EN BELGIQUE			

21

MARS

6 h 53 19 h 02

Ste Clémence

	E		E		F		F
E	N	U	M	E	R	E	R
	C	R	E	T	I	N	E
C	O	S	T	A	L		T
	L	I	S	I	E	R	
S	U	D		N	U	I	T
	R	E	A		S	P	A
R	E	S	U	M	E	E	S

CONS-TELLÉE POINT OPPOSÉES		IMPORTU-NER DANS LA RUE MALSÉANTE		COMME DES BOUILLONS LÉGERS ARGON		LANGUE FINNO-OUGRIENNE UNE FANATIQUE	
ENRA-CINANT CORDON DE LAGUNE							
				ELLE EMPORTAIT NOS ANCÊTRES			
FROTTA LA PEAU PETITE TERRE ANTILLAISE							QUI PEUT CHOQUER L'AUDITEUR
				MOI ANTIQUE CELA RESTREINT LE CHOIX			
REMISE EN ÉTAT DE SERVIR		TRAVAUX D'ARBORI-CULTURE					

22

MARS

6 h 51 19 h 03

Ste Léa

■	E	■	A	■	C	■	E
A	M	I	C	A	L	E	S
■	A	N	C	R	A	N	T
L	I	D	O	■	I	R	E
■	L	U	S	T	R	A	■
I	L	E	T	■	E	G	O
■	E	■	E	N	T	E	S
R	E	P	R	I	S	E	E

ARDENT

ÉCRITES EN MORSE

INTERPRÉTER UN RÔLE

PAQUET POSTAL

CASSE TOUT

RÉCHAUFFER L'ATMOSPHÈRE

QUI PEUT FAIRE ROUGIR

FAIT ATCHOUM...

CINGLE

BIEN DÉLESTÉE

UN COPAIN FAMILIER

NID DE L'AIGLE

MESSAGE TRANSMIS

LETTRES DEVANT UN PRÊTRE

PRONOM PLURIEL

COUVERTURE PLASTIQUE D'UN SOL

SOUS *MI*

RÉPANDUE EN GRANDE QUANTITÉ

REMIT LE NEZ DANS LA REVUE

23

MARS

6 h 48 19 h 05

St Victorien

■	E	■	J	■	P	■	O
E	N	C	O	D	E	E	S
■	F	O	U	E	T	T	E
A	L	L	E	G	E	E	■
■	A	I	R	E	■	R	P
S	M	S	■	L	I	N	O
■	M	■	R	E	L	U	T
D	E	V	E	R	S	E	E

L'ART DE NE RIEN FAIRE

PETITE MONNAIE

BISTOURI

TEMPS DES CHASSÉS-CROISÉS

CLASSÉ DANS UN PARTI

PLUS

VIEILLE GAUCHE

CHANGER DE DIRECTION

LIEU DE SÉJOUR

RÉGAL DE L'OURS

À LA TÊTE DE LA QUESTION

ERBIUM SYMBOLISÉ

CHO-COTTES

IL SE BAT QUAND IL EST CHAUD

UN INTER-LOCUTEUR PRIVILÉGIÉ

C'EST COMPA-RABLE

MODÈLE DE NUDITÉ

IL FAIT RÉPÉTER UN NUMÉRO

MAITRISE AU MIEUX LA SITUATION

24

MARS

6 h 46 19 h 06

Ste Catherine de Suède

	O		S		E		S
P	I	E	C	E	T	T	E
	S	T	A	T	I	O	N
M	I	E	L		Q	U	E
	V		P	E	U	R	S
R	E	F	E	R	E	N	T
	T	E	L		T	E	R
V	E	R		G	E	R	E

ESPACE VERT

VOUÉES AUX GÉMONIES

EMPLOI ASSURÉ

DÉPÔTS SANGUINS

IL EST AU BORD DE LA RUINE

POLLUÉES

INTERJECTION QUI INTERPELLE

ENGENDRE

PEINANT

RELATIF

INTUITION

NE PUT SUIVRE LE TRAIN

CHEF D'UNE ANCIENNE TRIBU

ÇA PROUVE QU'IL Y A EU ACQUITTEMENT

LOGERONS

PETIT COURS CÔTIER

TOUCHENT DONC

METTRE À FEU ET À SANG

MUNI DE PIGNONS

25

MARS

6 h 44 19 h 08

St Humbert

	P		C		E		P
M	A	U	D	I	T	E	S
	T	R	I	M	A	N	T
Q	U	E		P	I	F	
	R	E	C	U		A	A
C	A	S	E	R	O	N	S
	G		D	E	N	T	E
D	E	V	A	S	T	E	R

BREF EXPOSÉ

DODU

AIMA AVEC PASSION

DRAME À TOKYO

BRUIT DE PORTE QUI CLAQUE

USÉES AUX MANCHES

ADOUCIR LES COULEURS

OBSTRUÉ

BIEN AJUSTÉ

UNE PARTIE D'UN KILOMÈTRE

IL SE LAVE EN MACHINE

IL PROTÈGE UN DOIGT

PREMIER HOMME

OISEAU VOLEUR

COLPORTEUR DE RAGOTS

HYPOTHÈSE D'ÉCOLE

TEL UN TISSU NON TRAITÉ

COURS DE TURIN

METTRE UNE VOITURE EN PIÈCES

L'AUTOMOBILISTE Y LAISSE DE L'ARGENT

26

MARS

6 h 42 19 h 09

Ste Larissa

	S		A		V		A
R	O	N	D	E	L	E	T
	M	O	U	L	A	N	T
H	M		L	I	N	G	E
	A	D	A	M		O	N
P	I	E		E	C	R	U
	R		P	E	A	G	E
D	E	S	O	S	S	E	R

ANCIEN EXÉCUTEUR / PARTICIPER ACTIVEMENT		CONSISTANT / POMMADE PASSÉE		DONNE DE LA VOIX / PRENDRE PAR LA TAILLE		ANNONCÉES / COMMANDEMENT MILITAIRE	
TEL UN AVIS GÉNÉRAL / ROCHE TERREUSE							
						PLATE EN MER, FINE EN BOUCHE	
SE PRIT POUR UN SIOUX / HÉROS DE VIRGINIE					EN TOUTE HYPOTHÈSE		
			FERME LES VOLETS / À LUI				
PETITE CRIQUE / OIES SAUVAGES DU CANADA					IL EST COLLÉ DOS AU MUR POUR FAIRE PLUS JOLI		

27

MARS

6 h 40 19 h 11

St Habib

	B		E		C		P
C	O	O	P	E	R	E	R
	U	N	A	N	I	M	E
A	R	G	I	L	E		D
	R	U	S	A		S	I
L	E	E		C	L	O	T
	A	N	S	E		L	E
O	U	T	A	R	D	E	S

MENTIR SUR LE TEMPS

ENGINS DE GRS

ACTE D'INCARCÉRATION

PARER

COMPRENDRE

FINE TRANCHE

PRATIQUANT

ON Y VOIT DES GROS MOTS

ACHÈVE

MANIFESTER SA JOIE

EN FUSION

INSECTICIDE PUISSANT ET TOXIQUE

RÉFÉRENCE EN PHOTOGRAPHIE

SE FIT ENTENDRE

IL CHAUFFAIT LE SPHINX

TERRE D'EUROPE

Y ALLA PAR QUATRE CHEMINS

SYMBOLE CHIMIQUE DE L'ÉTAIN

COMME UN PIED DÉFORMÉ

28

MARS

6 h 38 19 h 12

St Gontran

	R		E		S		E
C	E	R	C	E	A	U	X
	T	E	R	M	I	N	E
P	A	V	O	I	S	E	R
	R	E	U	N	I		C
D	D	T		C	R	I	A
	E	I	R	E		S	N
E	R	R	A		B	O	T

COUPE D'ARBRES À LA BASE

COPIEUX

ASSOCIÉES

COUVRIS DE BRUN

LE CALCANÉUM EN FAIT PARTIE

CROQUIS

DURE DES PLOMBES (S')

RÉFUTE

ON Y FABRIQUE UN ALLIAGE DE FER

ANGOISSER

COMPRIME POUR FAIRE DE LA PLACE

COURT

PAS FORCÉMENT CERTAIN

UN SYMBOLE POUR PASCAL

ÉNONCÉ EN DÉBUT D'HYPOTHÈSE

DE PLUS

ÉCHEC RETENTISSANT

ILS HABILLENT LES ROUES

29

MARS

7 h 36 20 h 14

Ste Gladys

	A		U		T		E
A	B	O	N	D	A	N	T
	A	C	I	E	R	I	E
S	T	R	E	S	S	E	R
	T	A	S	S	E		N
R	A	S		I		S	I
	G		P	N	E	U	S
D	E	S	A	S	T	R	E

QUI REGARDE DE PRÊT

REBORD D'UN PUITS

BOÎTE À CARTES

REPRENDS CONNAISSANCE

CRIS DE PROTESTATION

ÉTAI DU BÂTIMENT

LES TURCS SONT TRÈS FRÉQUENTÉS

DÉPÔT

ÉVEILLAIT LE DÉSIR

ON S'EN BAT L'ŒIL

DEMEURE FIXE POUR LE MARIN

CORDE À SINGE

BONNE POSITION

IL SE PLANTE DANS UN ESPACE VERT

ON ATTEND D'ELLE UNE RÉACTION

PETIT MÉTAL

CHÈREMENT LOUÉS

MÈCHE AU MASCULIN, BOIS AU FÉMININ

30

MARS

7 h 34 20 h 15

St Amédée

■	T	■	I	■	C	■	D
M	A	R	G	E	L	L	E
■	T	E	N	T	A	I	T
C	I	L	■	A	M	E	R
■	L	I	A	N	E	■	O
P	L	S	■	C	U	T	I
■	O	■	F	O	R	E	T
E	N	C	E	N	S	E	S

PETIT SUPPLÉMENT / CHARGE D'ÉCOLIER		À DÉFAUT DE MARBRES / MOTIFS À EXPOSER		RIA BRETONNE / BILLET À PRENDRE AU DÉPART		COUCHERAIS PAR ÉCRIT / LARVÉE	
HEUREUX CANDIDAT / HABITUÉ DU POSTE							
				TEMPS LIBRE / MÈRE DE MARIE			
MONT GREC / SUR LA BOUSSOLE					FINIT TOUJOURS PREMIER		
			COURTISANE / MAUVAIS POINT DE CHUTE				
ÉRAFLURE, BOSSE / DES VIEUX JETONS À ROME					SYMBOLE CHIMIQUE DU TITANE		

31

MARS

7 h 32 — 20 h 17

St Benjamin

■	R	■	S	■	A	■	M
C	A	R	T	A	B	L	E
■	L	A	U	R	E	A	T
F	L	I	C	■	R	T	T
■	O	S	S	A	■	E	R
N	N	O	■	N	A	N	A
■	G	N	O	N	■	T	I
T	E	S	S	E	R	E	S

APPAREIL DE JEUNE MAMAN

DIFFORME

ADMISE

LANÇAI LE GRAIN

DEMANDA AVEC HUMILITÉ

REND PLUS ATTRAYANT

SANS PRENDRE DE RISQUES

RÈGLE UN ACCORD

PROTESTER (SE)

CHANGE DE DOMICILE

BU PAR UN CHAT

VA AU PRÉ

PASSION DES MARSEILLAIS

BELLE ADRESSE

GRÂCE À LUI, ON PEUT REMPORTER LE POINT

IL EST BON POUR LA BÛCHE CHAQUE HIVER

ÇA PEUT ABRITER UN SOLITAIRE

PETIT RÉCIPIENT AU LABORATOIRE

1er AVRIL

7 h 30 20 h 18

St Hugues

■	T	■	A	■	P	■	S
B	I	S	C	O	R	N	U
■	R	E	C	R	I	E	R
D	E	M	E	N	A	G	E
■	L	A	P	E	■	O	M
P	A	I	T	■	A	C	E
■	I	■	E	C	R	I	N
A	T	R	E	■	T	E	T

CLIMAT DE CRISE / MÉDIOCRITÉ		SIMPLISTES / DÉMUNIES		DÉBIT DE POISSONS / INVENTEUR DU CALIBRE 36		IL COULE EN ANDALOUSIE / FÊTE EN ASIE	
RAJEUNIR / ON LA PERD EN PERDANT LA LIGNE							
ELLE ARRIVE APRÈS / BOUFFI DE LUI-MÊME						CE N'EST QU'UN COUP POUR RIEN	
				DEVANT UN PÈRE / DIRECTION			C'EST SOUVENT PLUS QUE ROYAL AU JEU
PETITES CHEVILLES / ÉLÉMENTS DE DÉTENTE					IL SE PERD DU CÔTÉ DE GRAVELINES		

2
AVRIL

7 h 28 — 20 h 19

Ste Sandrine

■	M	■	B	■	V	■	X
M	O	D	I	C	I	T	E
■	R	E	N	O	V	E	R
T	O	N	A	L	I	T	E
■	S	U	I	T	E	■	S
F	I	E	R	■	R	P	■
■	T	E	E	S	■	A	A
R	E	S	S	O	R	T	S

ELLE TIENT SA BOÎTE

COMPOSANT DE BANQUISE

C'EST UN BOURRIN

AGENTS DE BORD

PROÉMINENT

SE RENDRAIT

MEUBLE D'ALCÔVE

ÉCLOS

TRACE AU SOL

REMORQUA

S'ACQUITTE DE SES DETTES

IL PARAÎT QU'ELLE EST BÊTE

ELLE A SES PETITS PROTÉGÉS

POSSÈDENT UN BIEN

IL FAIT BON ORDRE

ROMANOV, PAR EXEMPLE

SUR *MI*

VENTRES REBONDIS

QU'ON N'A PAS FAIT CHAUFFER

3

AVRIL

7 h 26 20 h 21

St Richard

	P		G		C		S
S	A	I	L	L	A	N	T
	T	R	A	I	N	E	E
T	R	A	C	T	A		W
	O	I	E		S	P	A
O	N	T		T	S	A	R
	N		F	R	O	I	D
B	E	D	A	I	N	E	S

MARQUER LES OMBRES AU CRAYON

IRONISTE

CONDITION DE VIE

DIAPRANT

LANIÈRE ÉQUESTRE

SALADE

IL A CESSÉ LE TRAVAIL

BAS DE GAMME

ÉVIDENTE

MATIÈRE ENSEIGNÉE EN LABO-RATOIRE

EXERCICE DE GYM-NASTIQUE

ÉPUISÂT LES NERFS

INTRODUC-TION AU RÊVE

DONNÉS POUR RIEN

INDICE PONDÉRAL

POUR LA MANIÈRE

LANCE À LA RADIO

CHAÎNE CULTU-RELLE

CONSEIL-LER PRINCIPAL D'ÉDU-CATION

4

AVRIL

7 h 23 — 20 h 22

St Isidore

	H		C		R		G
R	A	I	L	L	E	U	R
	C	R	I	A	N	T	E
C	H	I	M	I	E		V
	U	S	A	T		S	I
G	R	A	T	U	I	T	S
	E	N		E	M	E	T
A	R	T	E		C	P	E

ELLE SE FAIT DE LA BILE / ADAPTER		MATIÈRE ABRÉGÉE / PARTIR EN SANGLOTS		ÉTAT D'EUROPE ORIENTALE / SUJET ÉPINEUX		BÊTE DU HARPAIL / DÉCLAMER	
ENGIN DES NEIGES OU DES MERS / LONG COURS							
			TIRE DU LIQUIDE				
COCHON D'EAU / SE MONTRA CAPABLE							POINT DE SAIGNÉE DU CHEVAL
			POSA UN ŒIL / PETIT VÉHICULE				
CHIEN COURANT / DÉPÔT LITTORAL ET ENGRAIS							
				LÉGUME DE LA CUISINE BIBLIQUE			

5

AVRIL

7 h 21 20 h 24

Pâques • Ste Irène

	V		E		L		H
R	E	E	C	R	I	R	E
	S	C	O	O	T	E	R
N	I	L		S	U	C	E
	C	A	B	I	A	I	
P	U	T		E	N	T	A
	L	E	V	R	I	E	R
M	E	R	L		E	R	S

ARRIVER EN ABONDANCE / FLEXIBLES		METTRE À SEC / GRAND CLUB À MILAN		COLLE FORTE / ARBRES BIEN TAILLÉS		RISQUES / ÉCARTÉ DANS L'ESPACE	
EMMAILLOTÉ / GROS LOT DU GANGSTER							
					RÉGAL DU CHIEN / BÊTES À BÂT		
SERVIS À BOIRE / INSTRUMENT DE CHASSE							ENTRE L'EST ET LE SUD
			GARDIEN AU CIEL / A PLAISANTÉ				
PLEINE DE FAUX PLIS		CHOSES INSIGNIFIANTES					

6

AVRIL

7 h 19 20 h 25

Lundi de Pâques • St Marcellin

	P		T		G		O
P	L	I	A	B	L	E	S
	E	N	R	O	U	L	E
B	U	T	I	N		O	S
	V	E	R	S	A	I	
C	O	R		A	N	G	E
	I		R	I	E	N	S
F	R	O	I	S	S	E	E

ORNEMENT / RÉCITS EN VERS		FACÉTIEUX / IL EST ROUGE CHEZ UN PARA		DONC DIVISIBLE PAR DEUX / TERRE ANTILLAISE		DÉTESTÉES EN PIRE / GRANDE UTILISA-TRICE	
PREND CONS-CIENCE / COMMUNE DE CYRANO							
POUSSE À AGIR / ENVOYÉ AU LOIN					ON Y MARCHE SAC AU DOS / RUISSELETS		
				S'EXPRIME COMME UN PORTEUR DE BOIS			
RETIRER DE LA CIR-CULATION		PROCES-SUS DE DÉTÉRIO-RATION					
				MARQUE D'APPAR-TENANCE			

7

AVRIL

7 h 17 — 20 h 27

St Jean-Baptiste de La Salle

	P		B		P		E
F	A	B	L	I	A	U	X
	R	E	A	L	I	S	E
B	E	R	G	E	R	A	C
	M	E	U	T		G	R
J	E	T	E		R	E	E
	N		U	S	U	R	E
O	T	E	R		S	E	S

FAIRE REPARTIR / FANATIQUE		PARTIE DU PISTIL / AVOIR LA TROUILLE		GUIDES DE CHASSE / CITÉ DU BRABANT		HORRIBLE OU GÉNIAL, C'EST SELON... / BRAME	
QUITTER / CRAPULE SANS SCRUPULE							
VALLÉE DE JEUX / BOULETTE						IL N'A PAS LA PAROLE HABILE	
				CLÉ D'UNE GRANDE CAPACITÉ			
CHAÎNE INNOVANTE		RÉGION ALPINE					
				DES LETTRES POUR LA PATRONNE			

8

AVRIL

7 h 15 – 20 h 28

Ste Julie

	R		S		P		T
S	E	C	T	A	I	R	E
	L	A	I	S	S	E	R
G	A	N	G	S	T	E	R
	N	E	M	E	E		I
A	C	R	A		U	S	B
	E		T	Y	R	O	L
A	R	T	E		S	T	E

BÉNÉFICIE D'UN PRÊT

ELLE PROTÈGE DU SOLEIL

ARMISTICE

MÉLANGÉE COMME DE LA BIÈRE

ÉCLAIRS LUMINEUX

PRESQUE À L'EST

HÉSITANT

COUCHE À L'ÉCURIE

ATTRAPAIT

PRÊT POUR UN BAL

QUI N'EST DONC PLUS NEUF

AVANT LES AUTRES

GROS PROBLÈME

SOUPIR EXPRIMÉ

PLUTÔT RISQUÉE

BIEN EN MAIN

ANCIEN SIGLE D'EUROPE

ELLE EST NUMÉROTÉE SUR LA CARTE

CARGAISON DE BATEAUX OU D'AVIONS

9

AVRIL

7 h 13 20 h 30

St Gauthier

	E		T		F		R
O	M	B	R	E	L	L	E
	P	R	E	N	A	I	T
T	R	A	V	E	S	T	I
	U	S	E		H	I	C
U	N	S		O	S	E	E
	T	E	N	U		R	N
C	E	E		F	R	E	T

GRAND HÉRON BLANC / BASSESSES		CHÔMÉS COMME LE 1er MAI / CÔTÉ D'UN RECTANGLE		EN EST À LA SOUPE / TOUCHE LÉGÈRE DE PARFUM		SE HASARDE À / QUI A UN CHAT DANS LA GORGE	
ELLE PASSE À TOULOUSE / COURROUCER							
							ILS CIRCULENT POUR DES RAMASSAGES
PÈRE DE THÉSÉE / SAISONS CHAUDES					LANGUE DES TROUBADOURS / INDISCUTABLE		
				NE RESTA PAS SEC / PARTICIPE POUR POUVOIR			
PLUS FAMILIER QUE VOUS / RIDES DE FEUILLES			SE FAIRE FORTEMENT SENTIR				

10
AVRIL
7 h 11 20 h 31
St Fulbert

	A		F		D		O
V	I	L	E	N	I	E	S
	G	A	R	O	N	N	E
I	R	R	I	T	E	R	
	E	G	E	E		O	C
E	T	E	S		S	U	A
	T	U		P	U	E	R
N	E	R	V	U	R	E	S

ÉNERGIE INTERNE CHATEAU-BRIANDS		CRÉENT UN ESPACE BÉNÉFICE D'UN LONG TRAVAIL		ÉVAPORÉ TROIS MOIS TRÈS ATTENDUS		COU-RANTES MÉSON INSTABLE	
SUPPORT DE SCÈNE PRODUIRE DU SEL							
						EAU DE CAR-CASSONNE	
IL EST CLOS EN BRETAGNE RÉVÉLÉ				MÉTRO À LILLE LAME DE LA TERRE			
			DANS UNE MESURE D'EXCEP-TION POSSESSIF				
DÉFAITES		IL FAIT LA BALANCE					

11

AVRIL

7 h 09 20 h 33

St Stanislas

■	V	■	O	■	E	■	U
B	I	F	T	E	C	K	S
■	T	R	E	T	E	A	U
S	A	U	N	E	R	■	E
■	L	I	T	■	V	A	L
D	I	T	■	S	E	U	L
■	T	■	S	O	L	D	E
D	E	L	A	C	E	E	S

CHANGEANT

NETTOYER L'ALLÉE

AJUSTE UN LIÈVRE

ACROBATIE AÉRIENNE

LÀ OÙ SE LÈVE LE SOLEIL

SOUS-OFFICIER

SPÉCIFIER

TEL UN PHÉNOMÈNE INEXPLICABLE

CHARCUTERIE LYONNAISE

AÉRER LA TERRE

REGISTRE DU COMMERCE

ON FÊTE SON PREMIER

BOIS SOMBRE

OISEAU CAJOLEUR

MOT MIS POUR EXCLURE

DEVANT LE CHRIST

UN ARTICLE QUI VAUT DE L'OR

HABIT PASSÉ PAR TEMPS FRAIS

RÉBUS

PROCÉDER PAR ÉLIMINATION

12

AVRIL

7 h 07 20 h 34

St Jules

■	V	■	V	■	E	■	P
R	A	T	I	S	S	E	R
■	R	O	S	E	T	T	E
B	I	N	E	R	■	R	C
■	A	N	■	G	E	A	I
E	B	E	N	E	■	N	S
■	L	A	I	N	A	G	E
J	E	U	■	T	U	E	R

FEMME D'ABATS

BRUIT ASSOUR-DISSANT

COMMERCE À FAIRE

MAISON DES NATIONS

ÇA FAIT JEÛNE

N'ARRIVES PAS À CHOISIR

SIPHONNÉ

CRI DE SURPRISE

GLISSER À L'INTÉ-RIEUR

CLAQUÉ, MORT

EXAGÉRÉ-MENT SATISFAIT

DITE ET REDITE

HALO LUMINEUX

PORTE DES PYRÉNÉES

DÉTER-MINANT DÉMONS-TRATIF

TONDU AU POIL !

DIVERTIS-SEMENT DU SOLITAIRE

ACTINIUM POUR LE CHIMISTE

13

AVRIL

7 h 05 20 h 36

Ste Ida

	T		B		C		B
B	R	O	U	H	A	H	A
	I	N	S	E	R	E	R
E	P	U	I	S	E		G
	I		N	I	M	B	E
R	E	P	E	T	E	E	
	R	A	S	E		A	C
R	E	U	S	S	I	T	E

AVOIR UNE CERTAINE APPARENCE

DRAPEAU

FILLES NAÏVES

IL NE TIENT PAS SUR DEUX PIEDS

SUJET QUI SE DONNE UN GENRE

MISE EN BARILS

FLEURS AUX COULEURS VIVES

UN CLUB

MATIÈRE DE BAS

CURIOSITÉ

TABLEAU DES COURS OFFICIELS

EAU DE NEUVIC

PATRON ABRÉGÉ

SE DOUBLE POUR FAIRE L'ŒUF

ENTRE MONTS

C'EST PARFOIS UNE RÉ-PRIMANDE

PLIS PRIS

TRAIT DE PLAN

DÉPOUR-VUS DE TIGE

PROCÈDE PAR DÉDUCTION

14

AVRIL

7 h 03 20 h 37

St Maxime

■	P	■	O	■	E	■	A
P	A	V	I	L	L	O	N
■	R	E	S	I	L	L	E
R	A	R	E	T	E	■	M
■	I	S	L	E	■	C	O
S	T	■	L	E	C	O	N
■	R	U	E	■	O	T	E
S	E	S	S	I	L	E	S

ENFREINDRE LES ORDRES / RÉDIGÉE À NOUVEAU		OMBRE DES PEINTRES / ASSIETTE CREUSE		ÉNONCE / LEVER LES PATTES ARRIÈRE		C'EST LE PLUS FORT / ANTRE, GÎTE	
OBSERVAI / BIEN ATTACHÉE							
					NOUVELLE LUNE / ALLER-RETOUR		
CRI DU MOUTON / C'EST ÇA			MOYEN DE TRANSPORT / GRAND BOXEUR				
				FAIT COMME LE CERF / ANNONCE LA DATE			
ELLE REJOINT LA VILAINE À RENNES / EXTÉNUER					IL NE VA PAS JUSQU'À LA MER		

15

AVRIL

7 h 01 — 20 h 39

St Paterne

■	D	■	O	■	D	■	M
R	E	E	C	R	I	T	E
■	S	C	R	U	T	A	I
N	O	U	E	E	■	N	L
■	B	E	■	R	A	I	L
C	E	L	A	■	R	E	E
■	I	L	L	E	■	R	U
E	R	E	I	N	T	E	R

ET QUE ÇA SAUTE !

FRUITS

JOIGNENT LES DEUX BOUTS

BIEN GAGNÉES

LIEN FUSIONNEL

FLAQUE D'EAU

RELATIF AU FEU

PERSONNEL RÉFLÉCHI

DÉFIER

D'UN BEAU BLEU FONCÉ

ON Y FAIT BOIRE LES BÊTES

PROTECTION DES ARTS

RIRE DISCRET

IL FAUT LE VIVRE POUR LE VOIR PASSER

NON EXPRIMÉE

DÉTIENS EN MAINS PROPRES

ÉVALUA À LA MAIN

ÉPAISSEURS

DIVINITÉ GRECQUE DE LA TERRE

16

AVRIL

6 h 59 20 h 40

St Benoît-Joseph

■	D	■	A	■	N	■	M
S	Y	M	B	I	O	S	E
■	N	A	R	G	U	E	R
M	A	R	I	N	E	■	I
■	M	E	C	E	N	A	T
H	I	■	O	■	T	U	E
■	T	A	T	A	■	G	E
D	E	N	S	I	T	E	S

DEVENUE PLUS CLAIRE / MAL MARIÉ		BASSIN PORTUAIRE / RÉDEMPTION		GERMON / DÉPÔT VRAIMENT SANS INTÉRÊT		CE N'EST PAS SÛR / MODIFIER L'ATOME	
CERVIDÉ DU CANADA / QUE LA DÉCENCE RÉPROUVE							
TELLE QUE L'A FAITE LA NATURE / JOLI CLOU				COMPAGNIE RESTREINTE / RAPPORT CHIFFRÉ			
			MESSAGE D'INTERNAUTE / ASTATE AU LABO				
TEL LE RAVI DE LA CRÈCHE		FAIRE UN NID					
				SA LONGUEUR DÉPEND DU TEMPS			

17
AVRIL
6 h 57 20 h 42
St Anicet

	D		D		A		P
M	E	S	A	L	L	I	E
	C	A	R	I	B	O	U
M	A	L	S	E	A	N	T
	N	U	E		C	I	E
V	T	T		P	O	S	T
	E		A	I	R	E	R
B	E	A	T		E	R	E

QUI EST GRASSE

DOUBLÉE DE COTON

ŒUVRE DE RODIN

INSOLITE

ELLES SONT MISES DANS LE SECRET

À LA PAGE

VRAI

PROPAGER SUR LES ONDES

SANS CONNAIS-SANCE

DÉPART EN PISCINE

PERMET D'ÉTABLIR DES COMPA-RAISONS

HOMME CULTIVÉ

USE DE SON NEZ

POUR MONTRER QUELQUES CHOSES

POUR ABRÉGER UNE LISTE

FORME DE POUVOIR

SOCIÉTÉ ANONYME

BEAUX GAZONS

INVENTEUR, CRÉATEUR OU GÉNITEUR

18

AVRIL

6 h 56 20 h 43

St Parfait

■	H	■	S	■	I	■	R
O	U	A	T	I	N	E	E
■	I	N	A	N	I	M	E
P	L	O	T	■	T	E	L
■	E	R	U	D	I	T	■
H	U	M	E	■	E	T	C
■	S	A	■	P	E	R	E
P	E	L	O	U	S	E	S

DÉNOMBRER / MENER À LA RUINE		ENTREMETTEURS / ATTACHÉS AUX PIEDS		NAVIRE DE GUERRE RAPIDE / POUR RÉPÉTER		COMME UN ÉCART DE DANSEUSE / VICTIME DE COUPES	
HABITANT DE RIO / CHOIX DÉTERMINANT							
QUI A REJOINT LA FAMILLE / AFFIRMER, CERTIFIER				POINT CHAUD / BRUIT DE CONTENTEMENT			
							PARTICULE ACCORDÉE AU LICENCIÉ
TRÈS ABATTUS		ELLE EST TOUTE TRACÉE AVEC UN GPS					

19

AVRIL

6 h 54 20 h 45

Ste Emma

	R		M		C		G
D	E	L	A	B	R	E	R
	C	A	R	I	O	C	A
D	E	C	I	S	I	O	N
	N	E	E		S	U	D
A	S	S	U	R	E	R	
	E		R	O	U	T	E
P	R	O	S	T	R	E	S

RETRANSCRIRE MORDUE		FAIT DE LA PLACE SUBODORÉ		CALMER, APAISER DEVANT LA MATIÈRE		ORIFICE NATUREL ELLE MET DE L'ORDRE	
ENCERCLERA A UNE POSITION CHARNIÈRE							
				INSTITUTION DE L'ONU IL SOIGNE SA LIGNE			
QUI N'EST PAS À LA HAUTEUR BAGARRE FAMILIÈRE							ILS NE PERMETTENT PAS D'ARRONDIR LES ANGLES
			PRIT PAR LES SENTIMENTS TERME MUSICAL				
IL FAIT BATTRE LE CŒUR VOIES INTÉRIEURES				BAIE AU PAYS DU SOLEIL LEVANT			

20

AVRIL

6 h 52 20 h 46

Ste Odette

	R		E		E		M
F	E	R	V	E	N	T	E
	C	E	I	N	D	R	A
G	O	N	D		O	I	T
	P	I	E	T	R	E	
R	I	F		E	M	U	T
	E	L	U		I	S	E
U	R	E	T	E	R	E	S

MANQUE D'ASSURANCE REPAS DE POUPÉES		CULOTTES DES ÎLES INTERJECTION ENFANTINE		GRANDE VEDETTE EXCESSIVEMENT		PETITS VERS ÉCRIRE EN MORSE	
ÉTONNAMMENT BIZARRE RAPPORT DE CERCLE							
		EXPRESSION DE GRATITUDE NOTE DE MUSIQUE					
COMPACTS BOUT DE JAMBE					ANCIEN AGRÉMENT BOUT DE TERRE		
				JEUNE ENTRE DEUX ÂGES LADY PARTIE			
CROUPES, ARRIÈRE-TRAINS		CÔTÉ EXPOSÉ AU SOLEIL					

21

AVRIL

6 h 50 20 h 48

St Anselme

■	T	■	B	■	S	■	A
D	I	N	E	T	T	E	S
■	M	A	R	R	A	N	T
P	I	■	M	E	R	C	I
■	D	R	U	S	■	O	C
P	I	E	D	■	A	D	O
■	T	■	A	D	R	E	T
F	E	S	S	I	E	R	S

RENDU BIEN TROP BEAU / PAROLES DE BÊTES		HARCELER / L'IRIDIUM DU CHIMISTE		TOURS DE MUEZZIN / GARDE POUR LUI		RISQUÉE / PRIVÉE DE SOMMET	
MARCHE SANS BUT / EN CE LIEU							
		PLANTE DE POLYNÉSIE / POINTS OPPOSÉS					
MAMMIFÈRE AQUATIQUE / NE PAS AVOUER							MEMBRE DES FORCES DE L'ORDRE
				POUR ABRÉGER / NOTE CONDITIONNELLE			
ROUNDS EN BOXE		CELA NE PEUT SE FAIRE QU'EN JUSTICE					

22

AVRIL

6 h 48 20 h 49

St Alexandre

	I		T		M		O
I	D	I	O	T	I	E	S
	E	R	R	A	N	C	E
L	A		T	I	A	R	E
	L	O	U	T	R	E	
N	I	E	R		E	T	C
	S		E	S	T	E	R
R	E	P	R	I	S	E	S

MACÉRATION / FLÈCHES DE LA SAVANE		CORRIGÉS / RÉPARTIR SUR UN TERRITOIRE		PROPHÈTE HÉBREU / GARDIEN DU FOYER À ROME		RÂPE / ATTAQUER LE PREMIER	
SALADE / TOUR DE MUEZZIN							
							GRANDS SUR LE REGISTRE DE LA DIVA
MORCEAU DE POITRINE / GAGEURE					COURS DE FRANÇAIS / UN PLUS MUSICAL		
				PETITE INDUSTRIE / HONORÉ EN BIGORRE			
MAÎTRES DES COLLES		SE MONTRER TRÈS REGARDANT					

23

AVRIL

6 h 46 20 h 51

St Georges

■	M	■	R	■	E	■	U
G	A	Z	E	L	L	E	S
■	R	O	M	A	I	N	E
M	I	N	A	R	E	T	■
■	N	E	N	E	■	A	A
P	A	R	I	■	P	M	I
■	G	■	E	P	I	E	R
C	E	N	S	E	U	R	S

ENDUIRE AVANT DE POSER / CERNER		ENIVRÉS / S'ADRESSE À UN AMI		L'ART DE FAIRE COURT / SOUVENT EMPLOYÉ		CADEAUX / INDICATEUR DE DATE	
DESCENDANTE D'UN PARENT / VELUE							
						UNE INVENTION VRAIMENT TRÈS ANCIENNE	
GRAND ENSEMBLE BON MARCHÉ		QUI N'AURA PLUS DE BIBERON / PAN DE MAISON					
			RÉGION BRETONNE / DU LEVANT AU COUCHANT				
BIEN ATTRAPÉE / ASPERGÉES D'EAU				NE RÉVÉLA POINT			

24

AVRIL

6 h 44 20 h 52

St Fidèle

	E		S		B		P
E	N	T	O	U	R	E	R
	C	O	U	S	I	N	E
P	O	I	L	U	E		S
	L		S	E	V	R	E
H	L	M		L	E	O	N
	E	U	E		T	U	T
A	R	R	O	S	E	E	S

BATEAU À MOTEUR / GODASSE		CORDAGE MARIN / ESPÉRÉE		BLESSURES / MACHINE-OUTIL		CONSTERNÉE / OUI D'AVANT	
BROCHAIT / BIEN APPRIS							
AÉRÉE À LA PIOCHE / BOULE AU PIED						TINT EN SA POSSESSION	
			AMENER JUSQU'AU RECYCLAGE				
ROUES À GORGE / POÈME MIS EN MUSIQUE					UNION POLITIQUE, ÉCONOMIQUE ET MONÉTAIRE		
			GREFFE UN SCION				

25

AVRIL

6 h 43 20 h 53

St Marc

■	H	■	F	■	P	■	A
G	O	D	I	L	L	O	T
■	R	E	L	I	A	I	T
A	S	S	I	M	I	L	E
■	B	I	N	E	E	■	R
C	O	R	■	U	S	E	R
■	R	E	A	S	■	U	E
O	D	E	■	E	N	T	E

CELA PERMET AUSSI D'EFFACER / ADMISSIBLE		DES MOMENTS DE JEU ET DE GAIETÉ / ORÉMUS		ANCÊTRES D'ARAGON... / DISTRAITE		QUI SONT CANDIDATS À LA LICENCE / SUDISTE	
LANGUE DISPARUE / IMPORTANCES MESURÉES							
MARIE SES FILS / ABJECT						PETITE MONNAIE AU JAPON	
			CROCHET À VIANDE / PIÈCE À JOUER				
RÉUSSIT À FAIRE UN PLI / FER À BOUCLER					ARTICLE DE NOS VOISINS		
				ILS PASSENT AVANT D'AUTRES			

26

AVRIL

6 h 41 20 h 55

Ste Alida

	G		E		I		S
P	R	O	B	A	B	L	E
	A	R	A	M	E	E	N
S	T	A	T	U	R	E	S
	T	I	S	S	E		U
B	A	S		E	S	S	E
	G	O	D	E		E	L
P	E	N	E		U	N	S

AU FEU !

REBELLE

GROS RAPACES

LAITUES

SON TRUC, C'EST LA CHAIR FRAÎCHE

SONGERAI

FEMME QUI ENVOÛTE

BOUCHÉ DU NEZ

ENSEMBLE DE BARAQUEMENTS

PIMENTER LA SAUCE

PASSES SOUS SILENCE

PROCHE DE PIF

SA DURÉE EST LIMITÉE

TAXES NON INCLUSES

ROSSA

POUR NOTRE-SEIGNEUR

VICTOIRE SUR LES PRUSSIENS

LAVAGES

POUR FAIRE LES CHOSES À MOITIÉ

27

AVRIL

6 h 39 20 h 56

Ste Zita

■	I	■	B	■	O	■	F
I	N	S	U	R	G	E	E
■	C	A	S	E	R	N	E
R	E	L	E	V	E	R	■
■	N	A	S	E	■	H	T
C	D	D	■	R	O	U	A
■	I	E	N	A	■	M	I
L	E	S	S	I	V	E	S

METTRE LA PRESSION PETITS CAFÉS		ENLÈVE LA ROUILLE ÊTRE MÉ-PRISABLE		FAIRE UNE GREFFE PRODUITS DES PINS		QUI ONT BEAUCOUP SERVI UN LIEN	
SECRET DE CUISINIÈRE MIS EN COMPOTE							
						AUTRE NOM DE L'IRLANDE	
AGGRAVE LA SITUATION HOMME DE RÉ							CAS DE NULLITÉ AUX ÉCHECS
					LETTRES DEVANT UN PRÊTRE SYMBOLE DU PASCAL		
ADVERBE NATTANT			SE LIVRA À DES OBSERVA-TIONS				

28

AVRIL

6 h 37 20 h 58

Ste Valérie

■	H	■	D	■	E	■	U
T	A	V	E	R	N	E	S
■	R	E	C	E	T	T	E
E	C	R	A	S	E	■	S
■	E	M	P	I	R	E	■
I	L	I	E	N	■	R	P
■	E	N	■	E	P	I	A
T	R	E	S	S	A	N	T

HORS DE PROPOS

FRISANTES

ANNULÉ SUR LE PAPIER

L'ENTOURAGE (LES)

FAISAIT FUREUR

SANS ZONE D'OMBRE

FERMENT

CRABE AUX YEUX ROUGES

ÉTOFFE GROSSIÈRE

DONNER LE SIGNAL

ON S'Y MET EN RETIRANT SA VESTE

CAP SUR VERDUN

IL Y EN A CINQ DANS LE LUSTRE

ENCAISSEMENT DE LIQUIDE

PIÈCE ÉTANCHE

PLUS TRÈS NET

PEUT REMPLACER LE MAÎTRE

SOULAGÉE D'UN POIDS

COURRIERS NON TIMBRÉS

29

AVRIL

6 h 36 20 h 59

Ste Catherine de Sienne

■	M	■	B	■	A	■	A
R	A	S	A	N	T	E	S
■	L	I	R	E	T	T	E
A	V	E	R	T	I	R	■
■	E	N	E	■	R	I	A
A	N	S	■	S	A	L	I
■	U	■	M	A	I	L	S
D	E	L	E	S	T	E	E

BIEN LOIN DE SA TERRE / CLOCHERS DU NORD		FAIT UN CADEAU / NON TRAVAILLÉ		TROMPE DE CHASSE / REMI-LITARISER		AFFAIBLIE PAR LE SERVICE / COUVERT DE LIQUIDE	
CLOS DE NOUVEAU / FIT TOUTE UNE HISTOIRE							
				POUR MOI / L'ENFILER DEMANDE DU DOIGTÉ			
GROSSE BOUGIE / LA BLANCHE EST NAÏVE							ELLE COMPTA JUSQU'À DOUZE MEMBRES
			IL SE LIT DANS LE CAFÉ / CALE EN V				
ABANDON-NÉE PAR SES HABITANTS		PREND SA REVANCHE (SE)					

30

AVRIL

6 h 34 21 h 01

St Robert

	D		O		C		U
B	E	F	F	R	O	I	S
	R	E	F	E	R	M	E
N	A	R	R	A		M	E
	C	I	E	R	G	E	
O	I	E		M	A	R	C
	N		V	E	N	G	E
D	E	S	E	R	T	E	E

CE N'EST PAS UN PETIT PROBLÈME / NOVICE		À BOUT DE FORCES / EMBAU-CHÉS		C'EST DE LA DÉMENCE / ELLE FAIT LE MUR		SE MARQUE AU PANNEAU / GAI PARTICIPE	
LAC DES U.S.A. / PRESSERA							
						LE BEAU N'EST QU'UNE ILLUSION	
VIEILLE MAISON DE CARACTÈRE / AFFILER							MOYEN DE TRANSPORT FRANCILIEN
BASE DE GOLFEUR / REPRO-DUIRE SUR LE VIF				ŒUF AGRÉ-MENTANT UNE CORNICHE			

1er

MAI

6 h 32 21 h 02

Fête du travail • St Jérémie

	E		E		D		S
I	N	E	X	P	E	R	T
	O	N	T	A	R	I	O
U	R	G	E	R	A		P
	M	A	N	O	I	R	
A	I	G	U	I	S	E	R
	T	E	E		O	V	E
D	E	S	S	I	N	E	R

FAIRE SAVOIR AU FISC / PLAINTIF		CLOAQUE / SERONS DU VOYAGE		BON À DÉTACHER / EN TENUE TRÈS SIMPLE		POINT GAUCHES / CONTESTÉE	
ÊTRE SURCHARGÉ DE BOULOT / BRUMEUX							
				PLUME DE LA BOTTE / BAHUT DE STYLE ANGLAIS			
SE DRESSE AU COIN DU MUR / CITÉ EN RÉ					ARTURO POUR BRECHT / RACCOURCI LITTÉRAIRE		
			VÉRIFICATION DU NIVEAU / AVEC MOI ET SURMOI				
MOMENTS D'ÉGAREMENT		QUI A UN PRIX EN BOURSE					

2
MAI
6 h 31 21 h 04
St Boris

■	D	■	E	■	S	■	A
G	E	I	G	N	A	R	D
■	C	R	O	U	L	E	R
F	L	O	U	■	E	C	O
■	A	N	T	E	■	U	I
A	R	S	■	T	E	S	T
■	E	■	C	O	T	E	E
E	R	R	A	N	C	E	S

CALCULANT FAIT UN SERMON		FEMME À L'INSTITUT RAFIS-TOLER		MAUVAIS PENCHANT ALIMENT NATUREL		BELLES AUTOS PRONOM PERSONNEL	
ANNONCER DES MALHEURS PRESSE							
						UN HOMME TOMBÉ DU CIEL	
GRANDE DISCRÉTION SORTI EN KIOSQUES					RAPPORT DE CERCLE VIERGE		
				PARTIE TOMBANTE D'UNE VESTE			
LIGNE DE FEUILLE LE COIN DU FEU DE CHEMINÉE							
				JUSQU'AU NIVEAU DU BORD (À)			

3

MAI

6 h 29 21 h 05

St Philippe

■	C	■	M	■	V	■	B
M	O	R	A	L	I	S	E
■	M	E	N	A	C	E	R
A	P	P	U	I	E	■	L
■	T	A	C	T	■	P	I
P	A	R	U	■	P	A	N
■	N	E	R	V	U	R	E
A	T	R	E	■	R	A	S

VILLE DE TARTARIN — FEMME DE LA PALMERAIE		À LA SOUPE ! — PRIS PAR LE NEZ		ANCRÉ COMME UN ARBRE — ÉVENTRÉS		TEL UN PANIER DE DÉPENSIER — ARRIVÉ EN FAMILLE	
RETOUR-NER À LA MAISON — FLÉTRIRA							
						LOURDE, ELLE N'EST BONNE À RIEN	
SANS FANTAISIE — LIEU DE RASSEM-BLEMENT							
		PASSEREAU NOIR ET BLANC — POSSESSIF					UN CARREAU QU'ON MET SUR LA TABLE
CAPTIVES DE LA BOUE		FIT DES ESSAIS					

4

MAI

6 h 27 21 h 07

St Sylvain

	T		D		E		P
O	A	S	I	E	N	N	E
	R	E	N	T	R	E	R
F	A	N	E	R	A		C
	S	T	R	I	C	T	E
I	C	I		P	I	E	
	O		T	E	N	T	A
E	N	V	A	S	E	E	S

CATASTROPHE HISTORIQUE

RINCÉE ET VIDÉE

ALLEMANDE QUI A UNE SANTÉ DE FER

DE LA LUNE

ORNEMENT EN FORME D'ŒUF

ANSE DU JAPON

DÉTONATION DE MOTEUR

PÉRIODE FÉERIQUE

ÉPROUVE

DILIGENTE

QUATRIÈME SON DE LA GAMME NATURELLE

DE L'OR

SECTE BOUDDHIQUE

IL VA AU RHÔNE

MASSIF DU GOTHARD

IL S'EXPOSE AU LOUVRE

PLATEAU ANDIN

LIEU DE DÉCISIONS

PUNAISE AQUATIQUE

IMMOBILISÉE PAR UN REFLET

SUPPORT DE DONNÉES INFORMATIQUES

5

MAI

6 h 26 21 h 08

Ste Judith

■	B	■	E	■	O	■	P
L	E	S	S	I	V	E	E
■	R	E	S	S	E	N	T
Z	E	L	E	E	■	F	A
■	Z	E	N	■	A	A	R
A	I	N	■	P	U	N	A
■	N	E	P	E	■	C	D
F	A	S	C	I	N	E	E

VEDETTE DU BARBECUE / HOMME DE PAROLES		APPELÉ À COMPARAÎTRE / AVANT LA MATIÈRE		ÉCHANGER LES PLACES / UN PEU BRONZÉ		AVERTIS / DÉBUT DE RECENSEMENT	
REPRÉSENTÉ EN CHAIR ET EN OS / PRONOM							
		AÉRONEF LÉGER / EN SON MILIEU EST LA PUPILLE				ON LA PREND AU FILET POUR SES FILETS	
GRANDE LECTRICE / DONNE UN CERTAIN DÉCOR							
				IL MONTE EN CAS DE DISPUTE / SIX À ROME			
LADY DISPARUE / TITRES HONORIFIQUES			COUVERT D'UNE TOISON				

6

MAI

6 h 24 — 21 h 09

Ste Prudence

■	G	■	A	■	P	■	P
P	R	E	C	H	E	U	R
■	I	N	C	A	R	N	E
I	L	■	U	L	M	■	V
■	L	I	S	E	U	S	E
P	A	R	E	■	T	O	N
■	D	I	■	V	E	L	U
M	E	S	S	I	R	E	S

SON ALLURE EST MASCULINE / IRRITANTE		LIQUEUR ALPINE / GENTIL ORGANISATEUR		INTRINSÈQUE / ACCOMPLIS		PLUS EN TÊTE / COMPAGNON DE JERRY	
DE MAUVAIS POIL / LANGUE DU SUD							
		CE N'EST PAS UNE VERSION / SCANDIUM AU LABO					
VA AU PANIER / METTRE SON VIN AU CELLIER						SE PREND POUR UN PORTEUR DE BOIS	
							DEVANT L'HOMME DU VATICAN
QUI NE SONT PAS TERRESTRES		SEINS FAMILIERS					

7

MAI

6 h 23 21 h 11

Ste Gisèle

	G		G		I		M
R	A	G	E	A	N	T	E
	R	O	N	C	H	O	N
O	C		T	H	E	M	E
	O	S	I	E	R		E
E	N	C	A	V	E	R	
	N		N	E	N	E	S
C	E	L	E	S	T	E	S

CRÉER UNE UNION ASSOMMÉ		ROMPU ENTRÉE AU LIBAN		CORDAGE MARIN COMME UN DEMI-FRÈRE		TERRIER ANGLAIS APPEL D'AIR	
COLLIER CERCLE DE GENTILS-HOMMES							
CLOÎTRES UN PLUS MUSICAL						C'EST DU NEUF AVEC DU VIEUX	
			ALLEMANDE QUI A SA PLACE À PARIS PRO				
À PRENDRE POUR SE RENDRE À LA BARRE AUROCHS					ARTICLE DE NOS VOISINS		
				FÉLIX AU CINÉMA			

8

MAI

6 h 21 21 h 12

Victoire 1945 • St Désiré

	A		M		D		A
E	S	T	O	U	R	B	I
	S	A	U	T	O	I	R
N	O	B	L	E	S	S	E
	C	O	U	R	S		D
P	I	U		I	E	N	A
	E	L	A	N		E	L
U	R	E	S		Z	O	E

DODO, L'ENFANT DO

AUTORISATION POUR ENTRER

TRÈS PERSONNEL

BON À JETER

INOFFENSIVES

NE PAS ACCEPTER

ENGENDRER

AMORPHE, APATHIQUE

SIGNE DE DÉTENTE EN FACE

CONTINENT DE TAHITI

INSTRUMENTS DE GOLFEUR

FIN D'INFINITIF

DIFFUSA SUR LES ONDES

ROULÉ DANS LA FARINE

S'EN REMET (SE)

ARBRE COMMUN

RÉSUMÉ DE CARRIÈRE

OUTIL À DENTS

UNE RÈGLE SERVANT D'ÉQUERRE

VAGUES PENSÉES

9

MAI

6 h 20 — 21 h 14

St Pacôme

	B		V		I		U
B	E	N	I	G	N	E	S
	R	I	S	E	T	T	E
O	C	E	A	N	I	E	
	E	R		E	M	I	T
E	U		F	R	E	N	E
	S	C	I	E		T	E
R	E	V	E	R	I	E	S

ARTÈRE DU COU / AFFEC-TIONS		ABÎMAI LA PÊCHE / AMORCES FACTICES		DRÔLE DE PERSONNE / TELS DES SALAIRES CORRECTS		RISQUER LE COUP / LA FILLE GRANDET	
CARRÉ-MENT MIS À L'ÉCART / FAUSSE NOTE							
					IL EST BALISÉ DE ROUGE ET DE BLANC / RADIUM		
ANCIEN NAVIRE GREC / USAGE D'ARME							ON N'EN MANQUE PAS AVEC DE L'AUDACE
			HÉROÏNE D'ÉMILE ZOLA / MOT QUI EXCLUT				
ELLE EST BONNE À CROQUER / NE PAS CÉDER					CHIFFRES ROMAINS		

10

MAI

6 h 18 21 h 15

Ste Solange

	C		T		Z		O
M	A	L	A	D	I	E	S
	R	E	L	E	G	U	E
C	O	U	A	C		G	R
	T	R	I	E	R	E	
T	I	R		N	A	N	A
	D	E	N	T		I	I
R	E	S	I	S	T	E	R

IL MENA UNE VIE D'APACHE ACCABLER		HOMME DE CONTES L'AUDI-TOIRE PEUT LES BOIRE		DIRIGEANT DU BÂTIMENT COMPOSÉ CHIMIQUE		SÉRIE DE MESSES ÉCOLE POUR LES GRANDS	
CONCEN-TRÉ DE FRUIT CHASSEUR SOUS L'EAU							
APPELA PAR SON PATRO-NYME BAS						SE DONNE BEAUCOUP DE PEINE	
			TRIOLET QUI FIT UN DUO AVEC ARAGON				
FEMME POLITIQUE D'ISRAËL ADJECTIF POSSESSIF					UN HÉROS DU THÉÂTRE ALLEMAND		
			AU COMMEN-CEMENT, C'ÉTAIT UN JARDIN...				

11

MAI

6 h 17 21 h 16

Ste Estelle

	G		G		A		T
D	E	P	R	I	M	E	R
	R	A	I	S	I	N	E
C	O	R	M	O	R	A	N
	N	O	M	M	A		T
V	I	L		E	L	S	A
	M	E	I	R		U	I
N	O	S		E	D	E	N

MET SUR PIED

DE LA VILLE

JARDINS PUBLICS

DÉLICES DE SINGE

MARRON OU PAIN

COUSIN DU LÉZARD

ENTRE LE SUD ET L'EST

IMPÉRISSABLE

BOUI-BOUI OÙ L'ON MANGE

RANCŒUR D'OFFENSÉ

RANGÉ DANS UN ESPACE RÉDUIT

ORGANISME SPATIAL

IL A SON LIT DANS LE JURA

RACING-CLUB

ARME DE TIR

PETITE AMIE FAMILIÈRE

MARCHE

POINT COMMODES

DÉSAVANTAGEA

PASSE POUR ALLER PARTOUT

12

MAI

6 h 15 21 h 18

St Achille

■	O	■	P	■	G	■	S
U	R	B	A	I	N	E	S
■	G	A	R	G	O	T	E
R	A	N	C	U	N	E	■
■	N	A	S	A	■	R	C
A	I	N	■	N	A	N	A
■	S	E	V	E	R	E	S
L	E	S	A	■	C	L	E

RENDU MOINS SONORE

C'EST DU CINÉMA

AU POIL PAS LISSE

IL FAIT OBSTACLE

RELATIF À L'ART

ENCOURAGEMENT AU TORERO

FÊTE PATRONALE

MOT DE MÉPRIS

ÊTRE EN RELIEF

DESSOUS À BALEINES

POISSON CUISINÉ À LA MEUNIÈRE

PREMIER BOVIN DOMESTIQUÉ

BON À METTRE AU RANCART

FEUX EN PLEIN AIR

HÉROS DE SPIELBERG

PETIT POIDS

POUR COMPARER

DESTINS

MILITAIRE ATTIRÉ PAR LE SUD

13

MAI

6 h 14 21 h 19

Ste Rolande

■	A	■	F	■	C	■	K
E	S	B	R	O	U	F	E
■	S	A	I	L	L	I	R
C	O	R	S	E	T	■	M
■	U	R	E	■	U	S	E
B	R	A	S	E	R	O	S
■	D	G	■	T	E	L	S
V	I	E	S	■	L	E	E

HORLOGE RUSTIQUE

FLAGORNÉE

ATTRAPENT

FABRIQUERAS

TRÈS DRÔLES

TERRE DE LA FLOTTE

FIEFFÉS BAVARDS

RÉDUIT EN POUDRE

ENDOMMAGÉ TEL UN FRUIT

NOTE DU PASSÉ

BASE D'ACCORD

DE SON TEMPS

GÂTÉ MAIS PAS POURRI

DÉESSE À MYSTÈRES

ELLE FAIT DES RONDS

CICATRICE SUR UN VÉGÉTAL

ÉTABLI

CHROME

SÉLÉNIUM

FIT BRILLER

MATOISES

14

MAI

6 h 13 · 21 h 20

Ascension • St Matthias

■	C	■	A	■	O	■	U
T	O	R	D	A	N	T	S
■	M	E	U	R	T	R	I
U	T	■	L	A	■	I	N
■	O	B	E	S	I	T	E
H	I	L	E	■	S	U	R
■	S	E	■	C	I	R	A
R	E	T	O	R	S	E	S

ABORDÉE DANS LA RUE CLIENT EN BOUTIQUE		DEVIENDRAS DORÉE APRÈS UN BAIN		ARDEMMENT SOUHAITÉES C'EST PLUS QU'UN *BIS*		RICHE EN MATIÈRE GRASSE HABITUELLE	
EFFLEURE DU BOUT DES DOIGTS PIÈCE OÙ BRONZER							
À LUI OU À ELLE SAISON POUR HÂLER				CRIE COMME UN CERF THYMUS DE VEAU			
			VU À NOUVEAU TOTAL DES VENTES EFFECTUÉES				
QUI NE FAIT PLUS UN PLI		ILS SONT BLEUS PAR BEAU TEMPS					

15

MAI

6 h 11 21 h 22

Ste Denise

	A		S		D		C
A	C	H	E	T	E	U	R
	C	A	R	E	S	S	E
S	O	L	A	R	I	U	M
	S	E	S		R	E	E
E	T	E		R	E	L	U
	E		C	I	E	L	S
R	E	P	A	S	S	E	E

HOMME DE NOTRE CONTINENT / BIEN-AIMÉE		MIS EN RELIEF / CAPITALE ANDINE		AUX-QUELLES IL NE MANQUE RIEN / VIVIFIANT		COURBES DE LA RIVIÈRE / INDIEN EN AUTOMNE	
FROMAGE ITALIEN / ACTEUR							
PRÉSENTÉE AVEC DES MIETTES / BANDE DE TISSU						LE TEMPS NE LUI EST PAS COMPTÉ	
		IL A REMPLACÉ LE MICRO-SILLON		DES LIGNES ET DES RAMES EN ÎLE-DE-FRANCE			
FEMME TRÈS À CHEVAL / PAYS TRÈS PEUPLÉ							
				MARQUE D'APPAR-TENANCE			

16
MAI
6 h 10 21 h 23
St Honoré

■	E	■	A	■	E	■	M
D	U	L	C	I	N	E	E
■	R	I	C	O	T	T	A
C	O	M	E	D	I	E	N
■	P	A	N	E	E	■	D
L	E	■	T	■	R	E	R
■	E	C	U	Y	E	R	E
I	N	D	E	■	S	E	S

QUI SE DÉPLACE

DE SOUR OU DE SAÏDA

MAGASINIERS

ANNULÉES SUR LE PAPIER

BONBON DU QUÉBEC

AMAS DE GLACE

TRÈS LIBRE

CHERCHE LABORIEUSEMENT (S')

LAPIN SAUVAGE

C'EST LE DÉBARQUEMENT

PRÉNOM DE LUPIN

CADEAU POUR UNE MAÎTRESSE

PAS POUR TOUS

ÉCOLE POUR PROFS

DEVANT LE PRINCE

CHEVILLES DE GOLFEURS

MIS EN PLIS

RACCOURCI AVANT L'EXPLICATION

17
MAI
6 h 09 21 h 24
St Pascal

	M		C		N		O
L	I	B	A	N	A	I	S
	G	A	R	E	N	N	E
A	R	R	I	V	A	G	E
	A	R	S	E	N	E	
A	N	E	T		E	N	S
	T	E	E	S		I	E
M	E	S	S	A	G	E	S

DANSEUR SUR GLACE

COSTUME FÉMININ

LOVÉES

DÉSINENCE VERBALE

MIS DU POIDS

REFLÈTE LA LUMIÈRE

ATTRAPERAS

PAYS DES APPALACHES

ACCESSOIRE DE TOILETTE

DISPOSE DE

COLOSSE

ELLE FAIT BOURGEONNER LES JEUNES

ENTRELAÇA

DÉSIGNE LA CHOSE

ELLE A DES PORTS, MAIS PAS D'ATTACHE

DEVANT UN ANGLAIS DE BONNE FAMILLE

TELLEMENT

PAGES DE JOURNAUX

CONDUIS L'ÉTAT

IL EST DONNÉ PAR LE CHEF D'ORCHESTRE

18

MAI

6 h 08 21 h 26

St Éric

■	P	■	B	■	L	■	P
T	A	I	L	L	E	U	R
■	T	R	O	U	S	S	E
A	I	■	T	I	T	A	N
■	N	A	T	T	A	■	D
C	E	C	I	■	S	I	R
■	U	N	E	S	■	L	A
P	R	E	S	I	D	E	S

AIR CLASSIQUE EN JAZZ / HABI-TUELLE		NŒUD AU BLOC / CAISSE FAMILIÈRE		ESPACES VERTS DU GOLFEUR / FAIT UN CHOIX		GARDIENS PEU COMMODES / BIEN ROULÉ	
GOÛT ACIDE / FREINE LA PRO-GRESSION							
						RIVIÈRE AUX JOLIES GORGES	
ELLE AGIT SUR LA GÂCHETTE / COURS DU NORD							
		L'IRIDIUM POUR LE CHIMISTE		POISSON MÉDITER-RANÉEN / DEVANT *LIBITUM*			
S'ES-CLAFFERA / DES DESSUS-DE-LIT					ÎLE QUI DONNE AUSSI LE TON		

19

MAI

6 h 07 — 21 h 27

St Yves

	S		L		G		C
A	T	T	I	T	R	E	E
	A	I	G	R	E	U	R
E	N	R	A	I	E		B
	D	E	T	E	N	T	E
A	A		U		S	A	R
	R	I	R	A		R	E
E	D	R	E	D	O	N	S

BIEN DÉFINI / PRESQUE DÉVOTS		AU BAS DE LA FACTURE / QUI A FAIT LE PLEIN		TROP LONGTEMPS SUPPORTÉ / SÉQUESTRÉ		NE PLUS BALANCER / SOLDAT DE CÉSAR	
PRÉNOM THÉÂTRAL / PER-SONNALITÉ							
			PASSER À TOUTE VITESSE / FORME DE JAZZ				
ERRERA / ESPACE DE BOÎTES							PRISE AU QUOTIDIEN
		VILLE SUR L'OISE / PARTICIPE ÉCLATANT					
SON ITINÉRAIRE EST TOUT TRACÉ / REDITE				IL MOUILLE JOUR ET NUIT SON PETIT LIT			

20

MAI

6 h 05 21 h 28

St Bernardin

■	D	■	T	■	E	■	O
F	E	R	V	E	N	T	S
■	L	E	A	N	D	R	E
V	I	P	■	F	U	I	R
■	M	U	S	E	R	A	■
Z	I	■	C	R	E	I	L
■	T	R	A	M	■	R	U
R	E	I	T	E	R	E	E

QUI FAIT LA MOUE

RÉDIGÉS À NOUVEAU

MIS EN PRISON

EXIGUS

PERSONNALITÉ DE MARQUE

CIRCULAIRE

RABOTER

TEL UN CENTRE AVEC BAINS

QUATRAIN OU TERCET

UN NOBLE

FIN DE VERBE

MUSARDA OU RÔDA

FAIRE LA MOUE

ELLE PERMET L'AUDITION

CONSEILLÈRE PRINCIPALE D'ÉDUCATION

LA VOIX DE MONACO

SURNOM D'UNE LADY

PETIT CANONISÉ

INDIGNE D'UN ÊTRE HUMAIN

IL FAIT PARTIE DE LA LITERIE

21

MAI

6 h 04 21 h 29

St Constantin

■	D	■	E	■	V	■	U
R	E	E	C	R	I	T	S
■	S	T	R	O	P	H	E
B	A	R	O	N	■	E	R
■	B	O	U	D	E	R	■
O	U	I	E	■	R	M	C
■	S	T	■	D	R	A	P
B	E	S	T	I	A	L	E

IL VIT DE SES MOTS

MITAINE

SE LANCE AVEC TÉMÉRITÉ

ON Y VISITE LE MACHU PICCHU

CE N'EST PAS SI SIMPLE...

COUVRIT DE FLEURS

OPTIMALES

ANACONDA

EMBONPOINT

VAUT QUELQUE CHOSE

DRAME LYRIQUE

ILS SONT PETITS À L'OPÉRA

ARTICLE DE QUINCAILLERIE

PREMIÈRE PAROLE

SIX À OSTIE

AGENCE DE RENSEIGNEMENTS

BRUIT SEC

MÉMOIRE DE DISQUE

L'ERBIUM POUR LE CHIMISTE

FAIT DES BOULETTES

IMITER LE FREUX

22

MAI

6 h 03 21 h 30

St Émile

■	P	■	G	■	O	■	P
M	A	L	A	I	S	E	E
■	R	O	N	D	E	U	R
C	O	U	T	E	■	N	O
■	L	A	■	A	R	E	U
V	I	■	C	L	A	C	■
■	E	M	I	E	T	T	E
C	R	O	A	S	S	E	R

EN FAIRE DIX FOIS PLUS

ESSUIES LES PLÂTRES

HAUT LES MAINS !

QUI EST MAL EN POINT

ILS RAMPENT

BIEN AGRÉMENTÉ

AMOUR D'INFANT

POLIR À L'ABRASIF

BOUCHERIE

FEMME DE COUR

TERRE DE RÉTAIS

MÉDIA EUROPÉEN

ME FIS DES IDÉES

PETITE MESURE

SON RAMAGE VAUT SON PLUMAGE

TONIQUE DE LA GAMME NATURELLE

REVENU BIENVENU

AU NOM DU CHRIST

RENDRE LE PEIGNE INUTILE

FROTTERA

23

MAI

6 h 02 21 h 32

St Didier

	D		E		O		U
R	E	P	T	I	L	E	S
	C	A	R	N	A	G	E
J	U	R	E	E		R	E
	P	E	N	S	A	I	
C	L		N		R	S	A
	E	D	E	N	T	E	R
B	R	O	S	S	E	R	A

FADE OU FASTIDIEUX CHANTER LES LOUANGES		DÉPOUILLER DE SON ÉCORCE LIVRE RELIGIEUX		DÉPOLLUER LE TERRAIN C'EST NÉGATIF		IL S'ACCORDE AVEC INTÉRÊT ENLACÉ	
CHANTEUR SANS CHŒUR ENCAUSTIQUÉ							
				SAVOIR-FAIRE ACHEVÉE			
MATCH DE TENNIS PLANTE À FLEURS BLEUES							ACCUMULATION DE CHOSES
			NE LAISSE PAS SEUL IL COMPLÈTE LA LETTRE				
SUCRERIES EN FIN DE REPAS		EUT DU MAL					

24

MAI

6 h 01 — 21 h 33

Pentecôte • St Donatien

■	I	■	P	■	A	■	P
E	N	C	E	N	S	E	R
■	S	O	L	I	S	T	E
C	I	R	E	■	A	R	T
■	P	A	R	T	I	E	■
L	I	N	■	U	N	I	T
■	D	■	P	E	I	N	A
D	E	S	S	E	R	T	S

DEMANDER INSTAMMENT TRÈS DÉGRADÉS		COCOTTE ELLE PASSE À ROANNE		ARDEUR INCONTRÔLABLE CASSE DE GLACES		MOUSSEUX ITALIEN ÉLOIGNER TOUT DANGER	
QUI NE CONTIENT PAS D'ERREURS SUPPRIMAI							
DIMINUER LA SURFACE D'UNE VOILE OUBLIE							QUI A FRANCHI LA LIGNE BLANCHE
				SIGLE DE TRAVAUX FORCÉS AMENDE			
UNE PARTIE DE LA SUISSE		BÂTON DE GUERRE MÉDIÉVAL					
			COMME L'HABIT DE L'ACADÉMICIEN				

25
MAI
6 h 00 21 h 34
Lundi de Pentecôte • Ste Sophie

	R		M		F		A
D	E	L	A	B	R	E	S
	C	O	R	R	E	C	T
E	L	I	M	I	N	A	I
	A	R	I	S	E	R	
O	M	E	T		S	T	O
	E		E	P	I	E	U
U	R	I		V	E	R	T

CONSÉQUENCE / FAIRE VENIR		IL ARROSE MONTAUBAN / ENTREMETTEUR		HOMME BIEN FAIT / MOT DE MINEUR EN RÉVOLTE		TOILE DE COTON / TEXTE DE SIRE	
CREUSE / CÉLÈBRE CAP							
				IL EST DÉFAIT QUAND ON LE QUITTE / CÔTÉ			
TOUCHE DE CLAVIER / ABRUTIE			PRÉFIXE DIVISEUR / ORDRE DES FACTEURS				
						CELA ABRÈGE UNE TRÈS LONGUE DISTANCE	
SOCIÉTÉ / RELATIVE À UNE SUITE					LE TEMPS D'ACCOMPLIR UN GRAND TOUR		

26
MAI
6 h 00 21 h 35
St Bérenger

■	R	■	T	■	A	■	C
D	E	M	A	N	D	E	R
■	T	A	R	A	U	D	E
H	O	R	N	■	L	I	T
■	M	I	■	A	T	T	O
A	B	E	T	I	E	■	N
■	E	U	R	L	■	A	N
S	E	R	I	E	L	L	E

PIRATE AGRÉÉ

CHIEN DE GARDE

GLACER JUSQU'AUX OS

POINTS DE DÉPART

TOUCHÉE AUX LARMES

CONTÉE, RETRACÉE

DIRECTION DONNÉE

SIDÉRALE

ELLE N'EST JAMAIS CONTENTE

PETIT OS

FACILE-MENT ACCESSIBLE

OXYGÉNA

FLEUR DE VERSAILLES

RÉVÉREND PÈRE

CERTAIN

SOUVERAIN SLAVE

SAPEUR-POMPIER

NI TROP CHAUDS, NI TROP FROIDS

UNIQUE EN SON GENRE

27

MAI

5 h 59 21 h 36

St Hildebert

	C		G		E		E
D	O	B	E	R	M	A	N
	R	A	L	E	U	S	E
O	S	S	E	L	E	T	
	A	E	R	A		R	P
L	I	S		T	S	A	R
	R		S	E	U	L	E
T	E	M	P	E	R	E	S

DÉBLOQUE

MONTURE DE CHEVALIER

EXAMINERA AVEC ATTENTION

IL FORME UN ARC

ACHEVÉES

ROUES DE POULIES

BORDURE FORESTIÈRE

COUVERT DE BLANC

CROÛTE DE JAMBON

QU'ON N'A PAS VU ARRIVER

HAUTE EN COULEUR

QUANTITÉ OU GRAND FÉLIN

ASSOCIATION AVANT L'UNION EUROPÉENNE

COMME INDIQUÉ DANS LE TEXTE

L'ACTINIUM

ENCAUSTIQUA

DIVINITÉ GRECQUE DE LA TERRE

LIBÉRÉE

28

MAI

5 h 58 21 h 37

St Germain

	D		E		F		O
D	E	S	T	R	I	E	R
	C	O	U	E	N	N	E
S	O	U	D	A	I	N	E
	I	R	I	S	E	E	
O	N	C	E		S	I	C
	C	I	R	A		G	E
R	E	L	A	C	H	E	E

ANTIVIRUS

PIÈCE NORDIQUE

ÊTRE ADMIS

MARGINALE

PLAGIATS, IMITATIONS

C'ÉTAIT NUL POUR KARPOV

MENER À L'ÉPUISEMENT

HOMME PARFOIS À LA MODE

GRAND CHEF

DÉGOMMA

ROHMER DU CINÉMA

FRAISES

SOMMET FRANCO-ITALIEN

ENDUIT RABOTEUX

CHAMBRE À PART

ÉCHANCRURE BRETONNE

CÉRIUM

IL CALME LES PEAUX ROUGES

ARTICLE DE NOS VOISINS

CABANE AU JARDIN

29

MAI

5 h 57 21 h 38

St Aymard

	I		O		E		A
E	M	P	R	U	N	T	S
	M	A	E	S	T	R	O
E	U	T		E	R	I	C
	N		C	R	E	P	I
V	I	S	O		R	I	A
	T	A	L	C		E	L
R	E	S	S	E	R	R	E

ONDOYANTE

FAIRE REMARQUER

TÉLÉVISION NUMÉRIQUE

CORSET

CORS D'ARMÉE

D'UNE CRUAUTÉ INDICIBLE

CHAÎNE DE T.V.

HARMONIE, CONCORDE

COIFFANT À L'ALSACIENNE

POSE UNE QUESTION

PRATIQUE DE BON FIDÈLE

DEMANDE D'INSATISFAIT

DÉGOMMÉE

DIRECTION SUR LA ROSE DES VENTS

FORME DE VOLCAN OU DE GLACE

DÉFUNTE LADY

REMISE À NOUVEAU SUR LE MÉTIER

ELLES SE LAVENT À LA BROSSE

30

MAI

5 h 56 21 h 39

St Ferdinand

■	S	■	T	■	C	■	A
S	I	G	N	A	L	E	R
■	N	A	T	T	A	N	T
Q	U	I	■	R	I	T	E
■	E	N	C	O	R	E	■
E	U	E	■	C	O	N	E
■	S	■	D	E	N	T	S
R	E	T	I	S	S	E	E

FAITE POUR ÊTRE VUE / ÉQUESTRE		DERRIÈRE / EST DEVENU IRANIEN		OCÉAN MINIATURE / FIN D'INFINITIF		SUPPORT DE BALLE DE GOLF / CAS PRIO-RITAIRE	
OUVRAGE À CLÉ / TÊTE DE COCHON							
				L'ARGENT DU CHIMISTE / FIS LE VIDE			INDIENS TARDIFS DANS LE NORD-EST DES U.S.A.
ASSÉCHÉE UN PEU / PLANTE À GRAINS							
			GARDA EN MAIN / EN BREF, C'EST LE PATRON				
MITRAILLE EN POCHE		SUPRÊME, C'EST UNE ŒUVRE DE CHEF					

31

MAI

5 h 56 21 h 40

Fête des mères • Visitation

	V		A		A		T
H	I	P	P	I	Q	U	E
	S	E	R	R	U	R	E
H	U	R	E		A	G	
	E	S	S	O	R	E	E
B	L	E		T	I	N	T
	L		S	A	U	C	E
C	E	N	T	I	M	E	S

ÇA DONNE LA PÊCHE BONNE MARRADE		VIRAGE PORCELET		POINT COURANT BOISSON DE NOURRISSON		HISTOIRES ANCIENNES DÉBÂCLE, DÉBANDADE	
HOMME BLEU DU DÉSERT OBSTACLE							
NE DIT PAS LA VÉRITÉ APPELA À COMPARAÎTRE					TOUT LE MONDE ET PERSONNE SAINTE EN ABRÉGÉ		
				DIRECTION PRISE PAR LES ESTIVANTS L'ARGON			
ARRIVÉES D'ARGENT		COIFFURE DE PETITE FILLE					

1er

JUIN

5 h 55 21 h 41

St Justin

	V		T		R		L
R	I	G	O	L	A	D	E
	T	O	U	A	R	E	G
B	A	R	R	I	E	R	E
	M	E	N	T		O	N
C	I	T	A		S	U	D
	N		N	A	T	T	E
R	E	N	T	R	E	E	S

INSTRUMENT POUR RACLER

S'AGITER

UN PETIT VERRE D'ENTRÉE

FRANCHIRA LE SEUIL

P'TITS GARS

COPIANT LE VOISIN

MODÈLE INÉDIT

CABOCHARDE

FLEUR MARINE

CAUSA DE LA PEINE

BELLE ALLURE À VINCENNES

UN GRAND SAUVEUR

PERSONNAGE DE CINÉMA, QUI N'ÉTAIT PAS D'ICI

SYSTÉMATIQUEMENT DANS L'OPPOSITION

IL N'A PLUS DE SHAH

EMPLUMÉ HAUT EN OOULEUR

POINTS OPPOSÉS SUR UNE CARTE

PAS À LUI

2

JUIN

5 h 54 21 h 42

Ste Blandine

■	G	■	A	■	A	■	C
T	R	E	P	I	D	E	R
■	A	N	E	M	O	N	E
A	T	T	R	I	S	T	A
■	T	R	O	T	■	E	T
N	O	E	■	A	N	T	I
■	I	R	A	N	■	E	O
A	R	A	■	T	I	E	N

AMOUR DE SON PROCHAIN

FINNO-OUGRIEN

OUTIL DE LEVAGE

CASÉS AILLEURS

FILLE DU MÉTIER

PAS DES CLERCS

COMME UN PAIN COMPLET

ORGANISME EUROPÉEN

AH MAIS ÇA COLLE, ÇA COLLE !

JAMBON

ENVOYÉ PAPAL

INDIVIDU

ANCIENNE VOITURE ANGLAISE

ASPIRA LE LIQUIDE

PERSONNEL

ILS SONT EN RÈGLES

DONNE DE TOUT-PETIT POIDS

PERSONNIFICATION DE L'AMÉRIQUE

3 JUIN

5 h 54 21 h 43

St Kevin

	H		P		T		I
O	U	R	A	L	I	E	N
	M	E	L	A	S	S	E
S	A	L	A	I	S	O	N
	N	O	N	C	E		T
Z	I	G		S	U	C	A
	T	E	S		S	A	M
P	E	S	E	B	E	B	E

CARACTÈRE DE MÂLE

C'EST UNE COMIQUE !

LIME

PÂTE À BISCUIT LÉGÈRE

SIGNA UN BAIL

ENQUÊTEURS

SECONDE ÉTUDE

LE MAGICIEN EN A UN !

COUVERTURE DE CUIR

AU PLUS BAS

PARCELLISÉ

C'EST CELA

ENTRE X ET XX

VILLE DE CARNAVAL

FIN DE VERBE DU PREMIER GROUPE

MOT QUI PRÉPARE L'EXCLUSION

IMPÉRATRICE DE RUSSIE

L'U.E. JADIS

ATTENTION TOUTE PARTICULIÈRE

4

JUIN

5 h 53 21 h 44

Ste Clotilde

	V		P		L		R
R	I	G	O	L	O	T	E
	R	E	L	I	U	R	E
M	I	N	I	M	A	U	X
	L	O	T	I		C	A
X	I	I		E	R		M
	T	S	A	R	I	N	E
C	E	E		S	O	I	N

DÉSTABILISÉE

QUI EST TRÈS PROFONDE

FACULTÉ PARISIENNE

IL A TOUJOURS DU POT !

SE FAIRE DÉSIRER

ANGLAIS TITRÉ

UNE CROÛTE PARFOIS

PAS AILLEURS

PIQUERAI UN LÉGER FARD

EFFARÉ

ELLE ÉTAIT JADIS TISSÉE PAR LES CANUTS

POSSESSIF

D'UN AUXILIAIRE

PROMIS QUAND IL EST HEUREUX

IL NOUS TRANSPORTE

PATELIN PERDU

C'EST-À-DIRE EN BREF

GRAND LAC AMÉRICAIN

L'IRIDIUM POUR LE CHIMISTE

EXHUMÉE

5

JUIN

5 h 53 21 h 45

St Igor

	E		A		T		P
A	B	Y	S	S	A	L	E
	R	O	S	I	R	A	I
H	A	G	A	R	D		N
	N	O	S		E	S	T
E	L	U		T	R	O	U
	E	R	I	E		I	R
D	E	T	E	R	R	E	E

BATTRE POUR DU BEURRE / COUSINS DE GASTON		QUI REVIENT À / ARCHIPEL DANOIS		ELLE N'A BESOIN DE PERSONNE / VILLE NORMANDE		SALÉE OU POIVRÉE / A FAIT APPEL	
DÉMENTIE / PRESQUE IMPOSSIBLE À TROUVER							
				IL A DROIT À UN ALLER SANS RETOUR			
BOUCHER À L'ARÈNE / BIEN PARTIE							LUTH À TROIS CORDES DOUBLES
				MONTAGE DE PLANS / VIEILLE NOTE			
UN TANTINET BAGAR-REUR		PORTERA PRÉJUDICE					

6

JUIN

5 h 52 21 h 46

St Norbert

	B		A		A		O
G	A	F	F	E	U	R	S
	R	E	F	U	T	E	E
R	A	R	E		A	C	E
	T	O	R	E	R	O	
O	T	E	E		C	U	T
	E		N	U	I	R	A
B	R	E	T	T	E	U	R

BIÈRE EN TONNEAU / BÊTE À TOILES		INTITULER UN OUVRAGE / ANIMAUX TÊTUS		ELLE A SOUVENT LE CARACTÈRE GRAS / GUISE		RAFISTOLÉES / COMMENCE À CHANTER UN AIR	
FONT IRRUPTION / ELLE TRAVERSE GRENOBLE							
					DEVANT CE QUI EST À TOI / PLUS MAUVAIS		
PAS TOUT À FAIT AU SUD / DEUX DES ROMAINS				COURANT ANGLO-SAXON / CES MESSIEURS			
		ELLE PORTE UNE COURONNE / GALETTE MUSICALE					
ANCIEN OUI / QUI VARIENT SELON UN INDICE			ELLE EST SURVEILLÉE PAR DES SCRUTATEURS				

7
JUIN

5 h 52 21 h 46

St Gilbert

	P		T		U		R
A	R	A	I	G	N	E	E
	E	N	T	R	E	N	T
I	S	E	R	E		T	A
	S	S	E		P	O	P
I	I		R	E	I	N	E
	O	C		U	R	N	E
I	N	D	E	X	E	E	S

COURROUCÉ / CLAIRVOYANCE		BOUT DE BOIS BRÛLÉ / POPULATION DE RUCHE		TELLE UNE CÉRÉMONIE NON RELIGIEUSE / DEPUIS		COMME DE L'ENCRE MAGIQUE / AVANCE EN HÉSITANT	
POMME DE TERRE / PEUT FAIRE UN BEAU DUVET							
DOUCEREUX / DÉTERMINANT POSSESSIF				IL NOUS PASSE AU-DESSUS DE LA TÊTE / BÉRYLLIUM			
			GLORIFIÉ, LOUÉ / POUR DÉSIGNER				
CITÉ AZURÉENNE / PENSÉE					ELLE ARRIVE APRÈS LE DERNIER QUARTIER		
				MILITAIRE ATTIRÉ PAR LE SUD			

8

JUIN

5 h 52 21 h 47

Pentecôte • St Médard

■	F	■	T	■	C	■	D
L	U	C	I	D	I	T	E
■	R	O	S	E	V	A	L
P	I	L	O	S	I	T	E
■	B	O	N	■	L	O	B
S	O	N	■	B	E	N	I
■	N	I	C	E	■	N	L
I	D	E	E	■	L	E	E

CHOISIR, ÉLIRE SECONDE POUR LES PLUS MÛRS		ÇA ATTIRENT DES IONS STÉRILISÉ		BIEN BÂTI PRINCE TROYEN, HÉROS DE VIRGILE		DESSERT CHANTILLY QUI N'A PLUS DE MANDAT	
IL EST UN PEU MÉCÈNE MANQUE D'ENTRAIN							
							ILS SONT UTILISÉS EN SURFACE
ARMÉ IL PART EN SUCETTE ET... EN CHANSON !					TITRE DE PROPRIÉTÉ DIEU DES BERGERS		
				SCORE DE RÉFÉRENCE POUR UN GOLFEUR LA CHOSE			
ÊTRE POUR TOI DÉSOPILANTS			N'ARRIVE PAS À SURMONTER L'OBSTACLE				

9

JUIN

5 h 51 21 h 48

Lundi de Pentecôte
Ste Diane

	D		A		O		T
J	E	U	N	E	S	S	E
	S	P	O	N	S	O	R
T	I	E	D	E	U	R	
	G	R	E	E		T	A
A	N	I	S		P	A	R
	E	S		C	A	N	E
C	R	E	V	A	N	T	S

INSECTE AU CORPS MASSIF / ÉCOLIER		PIED BIEN SOIGNÉ / OMBRE ÉPAISSE		ENGAGÉ PAR LE JOUEUR / ÉPAULERAS		ABRIS SOUTERRAINS / RÉALISER AVEC SUCCÈS	
METTRE DU BAUME / GLOIRE, PUISSANCE							
FAIT CONCRET / POLICE FÉDÉRALE					INTRODUIT UNE SUPPOSITION		
			COUPE AU PLUS COURT				
VOLCAN SICILIEN / FEMME CHARMANTE					TERMINAISON VERBALE		
			METS EN JEU AU TENNIS				

10
JUIN
5 h 51 21 h 48
St Landry

■	S	■	P	■	M	■	T
S	C	O	L	A	I	R	E
■	A	P	A	I	S	E	R
G	R	A	N	D	E	U	R
■	A	C	T	E	■	S	I
F	B	I	■	R	A	S	E
■	E	T	N	A	■	I	R
F	E	E	■	S	E	R	S

DÉBARRASSE DES RONGEURS / STOPPER UN ACCROC		UNE OPÉRATION À L'ÉTABLE / FLEUR DÉCORATIVE		INDUSTRIELS / GROUPE DE MAISONS		SE DÉTEND (SE) / ÉLÉMENT D'UN ALPHABET	
FAIT ÉTABLI / AUX DIMENSIONS DU PAYS							
MORCEAU EXÉCUTÉ PAR TOUS / ON Y VOIT DES FILMS						REND LA PARTIE D'ÉCHECS NULLE	
				SPORT D'ÉCOLE / POSSÈDE			
ÇA PERMET DE RÊVER / IL NOUS ATTEND AU PASSAGE			PERROQUETS AU BRILLANT PLUMAGE				

11

JUIN

5 h 51 21 h 49

St Barnabé

	D		T		U		P
R	E	P	R	I	S	E	R
	R	E	A	L	I	T	E
N	A	T	I	O	N	A	L
	T	U	T	T	I		A
C	I	N	E		E	P	S
	S	I		A	R	A	S
P	E	A	G	I	S	T	E

AJUSTÉE DANS L'ADDITION / FRAUDER		ACCORD CONSTANT / DESPOTE EMPOISONNANT		ELLE EST CHASSÉE PAR LE HÉRISSON / GUIBOLLES		ÉQUIPEMENT DE NAVIRE / DIVAGUA	
REMETTRE AU FEU / ELLE SERT À MASQUER L'ENTRÉE							
CHANT DE FIN D'ANNÉE / ANCÊTRE DE L'ONU					DIVISION DE TEMPS / CITÉ DANS LE VAUCLUSE		
			SE DONNE AVANT UNE EXÉCUTION / COURS EN BOTTE			INTELLIGENCE ARTIFICIELLE	
PAS TOUJOURS DIRIGEABLE		DANS LES GRAINS OU POUR DES GRAINS					

12
JUIN

5 h 51 21 h 50

St Guy

	A		P		S		G
A	R	N	A	Q	U	E	R
	R	E	C	U	I	R	E
P	O	R	T	I	E	R	E
	N	O	E	L		A	M
S	D	N		L	A		E
	I		P	E	P	I	N
A	E	R	O	S	T	A	T

SIMPLEMENT

ASPERGER LÉGÈREMENT

MET FIN À SON CONTRAT

MIMINE

AMÈNERA À LUI

PETITE MONTÉE

TE MOQUES

SAISON DES BEAUX JOURS

PLAT EN SICILE

COMME UN STORE À L'ITALIENNE

BATTRE LES CARTES

BONHOMME DES NEIGES

IL CHERCHE SA NOURRITURE À COUPS DE BEC

COURS DE GYM

MOYEN DE PAIEMENT

SANS SURPRISE EN BAS DE LA NOTE

DIT EN ÉLEVANT LA VOIX (S')

DIPLÔMES DE FIN DE LYCÉE

13

JUIN

5 h 51 21 h 50

St Antoine de Padoue

	P		R		A		I
H	U	M	E	C	T	E	R
	R	I	S	O	T	T	O
V	E	N	I	T	I	E	N
	M	E	L	E	R		I
Y	E	T	I		E	P	S
	N		E	C	R	I	E
T	T	C		B	A	C	S

BRUIT ASSOMMANT / QUI GARDE L'ŒIL OUVERT		JOLIMENT BARIOLÉE / FILLE MÉCHANTE		PARADIS DE CANARDS / MONTE		ENCOURAGÉS / NON D'UN PETIT BONHOMME	
ME BAIGNERAI / À L'AVANT D'UN BATEAU							
						ON LE JETTE QUAND IL EST MAUVAIS	
COLORANT MINÉRAL / ACCUEILLIR AVEC DES CRIS					TOUJOURS EN TÊTE / TRAVAILLE BEAUCOUP		
				SURFACE DE LA TERRE / PROFESSEUR			
SOMMES RÉMUNÉRANT LE PRÊTEUR		ASSAINI					

14
JUIN
5 h 51 21 h 51
St Élisée

	T		B		M		S
V	I	G	I	L	A	N	T
	N	A	G	E	R	A	I
E	T	R	A	V	E		M
	O	C	R	E		S	U
H	U	E	R		S	O	L
	I		E	P	U	R	E
I	N	T	E	R	E	T	S

POSANT LE PROBLÈME

CHAÎNE AMÉRICAINE

REFUGE QUI SENT LE FAUVE

DISSÉQUÉS, DÉCORTIQUÉS

BÉCASSE

QUI DATE (D')

ELLE DÉFIE LE DÉFI

BEL EMPLUMÉ

IL VIT COMME LES CASTORS

COMPLET !

EN PLACE

IL SERT AU PEAUSSIER

IL CRÉA DES CLASSES POUR LES FILLES

ABRÉVIATION À ROME

SYMBOLE CHIMIQUE

IL FAIT LE POIDS

LES PLUS GRANDS AUTEURS S'Y CÔTOIENT

UN ENDROIT PLUTÔT BRUYANT

15

JUIN

5 h 51 21 h 51

Fête des pères

Ste Germaine

■	E	■	A	■	A	■	A
G	N	A	N	G	N	A	N
■	O	N	D	A	T	R	A
I	N	T	E	G	R	A	L
■	C	A	S	E	E	■	Y
T	A	N	■	U	■	S	S
■	N	■	C	R	I	E	E
E	T	A	G	E	R	E	S

CALME SA RAGE / MODÉRER L'INTENSITÉ		TEL UN TERRAIN RENDU PLAT / À MOI		TRAVAUX DE SÉLECTION / BOUCLIERS		RALENTIES DANS LEUR ÉLAN / ENTOURA DE PRÈS	
ENTIÈREMENT CONSUMÉ / SIGNIFIE AVEC							
		PAREILLEMENT / VICTIMES DE LEUR SENSIBILITÉ					
VILLE DU PAS-DE-CALAIS / PANACHÉ AU BAR					PARFOIS PRONOM / SANS POLLUTION		
				IL Y POUSSE DE L'HERBE / BON POUR MONTRER			
PETIT FILET D'EAU / ARRÊTERAS			ON Y PRATIQUE LE RETOUR AUX SOURCES				

16

JUIN

5 h 51 21 h 52

St Jean-François Régis

■	D	■	A	■	T	■	F
T	E	M	P	E	R	E	R
■	C	A	L	C	I	N	E
C	O	■	A	U	S	S	I
■	L	E	N	S	■	E	N
D	E	M	I	■	P	R	E
■	R	U	■	C	U	R	E
C	E	S	S	E	R	A	S

BYE BYE !

MORCEAU DE BŒUF

BALTE

COUVE

SAISIE PAR UN SENS

OFFRE SA MAIN

SLALOMEUSES

EFFET DE TRAVAIL MANUEL

LOUPERAI LE COCHE

UN COQUILLAGE À LA NOIX

ADJUGÉ AUX ENCHÈRES

PETIT PERROQUET

REFUSE D'ADMETTRE LA VÉRITÉ

ÉCOLE NORMALE SUPÉRIEURE

BIEN À ELLE

PRÉNOM ESPAGNOL

PROJECTILES EXPLOSIFS

C'EST-À-DIRE EN RACCOURCI

17

JUIN

5 h 51 21 h 52

St Hervé

	A		E		P		S
R	U	M	S	T	E	C	K
	R	A	T	E	R	A	I
P	E	T	O	N	C	L	E
	V	E	N	D	U		U
L	O	R	I		E	N	S
	I	N	E	S		I	E
G	R	E	N	A	D	E	S

APPÉTIT D'OGRE / COMPOR-TEMENT SOUMIS		SOUPAI / DALLE		IMITA SANS DIRE UN MOT / USER		AIDES / IL EST UTILE POUR FAIRE DES PLANS	
UTILISER DES SELS / HORS-D'ŒUVRE ROSE							
						ELLE TOMBE À LA FIN DU MOIS	
ÉLÈVE LA VOIX / ELLE JOUE SUR UN PLATEAU					CONSTANTE DU CERCLE / ENTRE NORD ET EST		
			CE N'EST PAS UN PRO-GRESSISTE / GRADE				
SIGNATURE VISIBLE SUR LES MURS / GRAISSÉES				DIT QUE CE N'EST PAS VRAI			

18

JUIN

5 h 51 — 21 h 52

St Léonce

	V		D		M		S
D	O	C	I	L	I	T	E
	R	A	N	I	M	E	R
T	A	R	A	M	A		V
	C	R	I	E		P	I
O	I	E		R	E	A	C
	T	A	G		N	I	E
B	E	U	R	R	E	E	S

VOILIER DE RÉGATE / PELLICULE		BORNÉ / C'EST UN TIC		CAJOLERA / QUI NE SONT DONC PLUS SANS SOLUTION		QUI COULENT TOUJOURS / C'EST LE WEB	
PASSER LE RÂTEAU / CRISE EN FACE							
FOURRURE D'ÉTOLE / ENFIN ARRIVÉE						LE SERVICE QUE DEVAIT RENDRE UN SEIGNEUR	
			BLUM OU ZITRONE / À L'ORIGINE DE BRUITS				
CHAISES LONGUES		LA PETITE COMPREND L'ÉTOILE POLAIRE					

19
JUIN

5 h 51 21 h 53

St Romuald

■	D	■	O	■	C	■	P
M	E	M	B	R	A	N	E
■	R	A	T	E	L	E	R
S	I	N	U	S	I	T	E
■	V	I	S	O	N	■	N
N	E	E	■	L	E	O	N
■	U	■	O	U	R	S	E
T	R	A	N	S	A	T	S

ACTION PARTISANE / D'UN AUTRE TEMPS		HARPON / GLISSAI		SERPENTS / ENGRAVÉ		COIN DU MÉCANO / DIRECTION	
BASE DE SOUPE OU DE CONFITURE / RÉPLIQUER							METTRE À CÔTÉ DE LA PLAQUE
BELLE YÉMÉNITE / DU GENRE SAPAJOU						ELLE A PÉCHÉ EN GARDANT LA LIGNE	
			BIEN AVANCÉ / LE MADRILÈNE				
CHANGER ENCORE DE CALIBRE		IL A TROUVÉ SON MAÎTRE					

20

JUIN

5 h 51 21 h 53

St Silvère

	C		D		C		V
A	R	R	I	E	R	E	E
	O	I	G	N	O	N	
R	I	P	O	S	T	E	R
	S	A	N	A	A		A
S	A	I		B	L	E	T
	D		E	L	E	V	E
R	E	A	L	E	S	E	R

LÈVE LE PIED

PRÉNOM DE BASHUNG

LE GUI EN EST UN

MISES DANS L'AXE

COUP D'ŒIL FURTIF

NON AUTORISÉ

NOTA À LA SUITE

GESTE DE GÉNÉROSITÉ

INSTRUMENT MILITAIRE

REVOYANT LE TEXTE

PAS RAPIDES

EN QUI ON PEUT AVOIR CONFIANCE

LIEU DÉSERTIQUE

PAS GÊNÉ POUR DEUX SOUS

PHASE DE LA LUNE

STYLE MUSICAL ACTUEL

ENVOIE DANS UN AUTRE MONDE

PIÈCES À VINS

21

JUIN

5 h 51 21 h 53

Été • Fête des pères

St Rodolphe

	D		A		P		C
O	E	I	L	L	A	D	E
	C	L	A	I	R	O	N
R	E	L	I	S	A	N	T
	L	E	N	T	S		R
R	E	G		A	I	S	E
	R	A	P		T	U	E
C	E	L	L	I	E	R	S

FARINE DES GALETTES / BOMBARDIER D'EAU		PASSÉ AU TAMIS / PAS VIEILLE		EFFLEURÉE / CUBES POUR JOUER		CERTIFIÉS PAR L'ÉTAT / QUATRE À OSTIE	
LIEU DE STOCKAGE / ANCIEN ÉTAT ALLEMAND							
						DÉFAIT À LA BASE	
PETITE PRIÈRE / SE LANCE AVEC COURAGE				SUR LA BOUSSOLE / CANTON VOISIN			
			FATIGUÂT LES NERFS / MESURE DE RÈGLE				
QUI MANQUENT DE FORCE		ELLE EST TOUTE RETOURNÉE À LA CHANDELEUR					

22
JUIN

5 h 52 21 h 53

St Alban

■	S	■	S	■	C	■	B
C	A	N	A	D	A	I	R
■	R	E	S	E	R	V	E
P	R	U	S	S	E	■	V
■	A	V	E	■	S	S	E
O	S	E	■	U	S	A	T
■	I	■	C	R	E	P	E
A	N	E	M	I	E	E	S

INCUBATEUR

CRITIQUÉE

HONORER

ANCIEN RUSSE

TERRAIN PIQUANT

CACHETÉS

FILETS À OISEAUX

ELLE EN A FAIT RAMER PLUS D'UN

PEINTRE DU QUATTROCENTO

S'EFFORCER (S')

PRÉNOM

IL NE S'ENTEND PAS SANS MAL

AU PIED DU PAPE

JOUR SOUS LA PORTE

BOÎTE

ÉVÊCHÉ DE L'ORNE

RACCOURCI AVANT L'EXPLICATION

POUR DÉSIGNER

MOT INCONNU DES CONTESTATAIRES

23

JUIN

5 h 52 21 h 53

Ste Audrey

	C		D		S		G
R	O	S	E	R	A	I	E
	U	C	C	E	L	L	O
E	V	E	R	T	U	E	R
	E	L	I	S	E		G
M	U	L	E		R	A	I
	S	E	E	S		I	E
C	E	S		A	M	E	N

DÉLIRE D'INTERPRÉTATION / LISTE À SUCCÈS		PRÉNOM DE MADAME BOVARY / FAIRE DU PROPRE		VÉRITABLEMENT / RUDE EN BOUCHE		BREF SIFFLEMENT / ADVERSAIRE ACHARNÉE	
SOUMIS / DU MOUTON AUX PETITS OIGNONS							
							ENVOYÉS DANS UN AUTRE MONDE
ARRIVÉ À LA MATERNITÉ / NE DONNE PAS RAISON			DIFFUSE À L'ANTENNE / C'EST LE CLASSEMENT				
				TOUCHÉ EN PLEIN CŒUR / EXISTES			
PROFESSIONNELS DU VIN		REVIENT SUR SA PAROLE					

24
JUIN

5 h 52 21 h 53

St Jean-Baptiste

■	P	■	E	■	V	■	P
P	A	L	M	A	R	E	S
■	R	A	M	P	A	N	T
N	A	V	A	R	I	N	■
■	N	E	■	E	M	E	T
T	O	R	T	■	E	M	U
■	I	■	R	E	N	I	E
C	A	V	I	S	T	E	S

ENTRETENIR LES ENGRENAGES DONNAI UN SENS		BIEN BOUTONNÉE L'IRIDIUM		DÉPLOIERAI DÉMENTIE		REPAS DE GRILLADES PETITE SURFACE AU SOL	
IL JOUE EN DÉFENSE MESURE D'INTELLIGENCE							
		DIRIGER NE FAIT PAS FACE !					
HYPERACTIF PARTIE DU MONDE						TITRE D'HONNEUR OUTRE-MANCHE	
				AIDE DE L'ÉTAT UN CELA RELÂCHÉ			
ARTICLE À MADRID INSTINCT QUI RAPPROCHE			IL EST RESPECTÉ DANS LE MILIEU				

25

JUIN

5 h 53 21 h 53

St Prosper

■	G	■	F	■	E	■	P
O	R	I	E	N	T	A	I
■	A	R	R	I	E	R	E
Q	I	■	M	E	N	E	R
■	S	P	E	E	D	■	R
A	S	I	E	■	R	S	A
■	E	L	■	C	A	I	D
G	R	E	G	A	I	R	E

MINAU-DERIE / DEVENUS PLUS SÉRIEUX		TURLUPINE / IL FAIT MARCHER LE MONDE		BAS DES PISTES / CHEF DE TRIBU D'ISRAËL		ÉTOILES DE MER / ÉCORNÉE	
ÔTANT CE QUI DÉPASSE / LIEUX D'AISANCES							
		BRETON OU GALLOIS / SAINT PYRÉNÉEN					
IL FERME UNE PORTE / ELLES FAISAIENT FUREUR					C'EST L'ARGON / FOURNIS-SEUR DE POMMES		
				N'ENTRE PAS DANS LES GRAN-DES BOÎTES / CURIE			
POISSES		RESTÉE DE BOIS PAR SURPRISE					

26

JUIN

5 h 53 21 h 53

St Anthelme

■	A	■	T	■	A	■	A
A	G	G	R	A	V	E	S
■	A	R	A	S	A	N	T
W	C	■	C	E	L	T	E
■	E	P	A	R	■	A	R
I	R	E	S	■	P	M	I
■	I	■	S	C	I	E	E
D	E	V	E	I	N	E	S

LIEU DE TRAVAUX

BOISSON AU CACAO

VERT DANS L'ÂME

MATIÈRE DE BAGUES

DEBOUT COMME UN PIQUET

OUBLIER DE DIRE

EXTRAITE

ELLE ALLONGE LES FILES

PARFUM NATUREL

INDIQUE LE LIEU OÙ L'ON EST

LE POU À SES DÉBUTS

SORTE D'AVIRON

MARCHE À PETITS PAS

MONTRA SON OPPOSITION

QUI N'A RIEN D'UN TENDRE

ÉTIRE

IL EST TAILLÉ POUR L'ORNEMENT

PRINCE ARABE

AVOIR UN FAIBLE

BIEN PLUS FAMILIER QUE VOUS

27

JUIN

5 h 54 21 h 53

St Fernand

■	C	■	E	■	P	■	O
C	H	O	C	O	L	A	T
■	A	R	O	M	A	T	E
E	N	■	L	E	N	T	E
■	T	R	O	T	T	E	■
N	I	A	■	T	E	N	D
■	E	M	I	R	■	T	U
P	R	E	F	E	R	E	R

HOMO SAPIENS MOUVANTE		EN PETIT NOMBRE IMPOSER UNE RES-TRICTION		AVOIR SON REPAIRE VILLE CANA-DIENNE		CHEMIN PÉDESTRE CORPS DE FERME ALLONGÉ	
BŒUF BOUILLI FIRENT LES ONGLES							
UNE NÉGATION NICKEL ! HOMME DU VOYAGE			CÉRÉALE IL COMMENCE EN HIVER				
					ILS SONT ASSOCIÉS AUX COUTUMES		TERMINAI-SON DU PREMIER GROUPE
RANGÉE D'ÉMAIL PRODUC-TEUR DE SOIE							
			ÉLOIGNER L'APPRÉ-HENSION				

28

JUIN

5 h 54 21 h 53

St Irénée

	H		R		G		S
V	O	L	A	T	I	L	E
	M	I	R	O	T	O	N
L	I	M	E	R	E	N	T
	N	I		O	R	G	E
G	I	T	A	N		E	
	D	E	N	T	U	R	E
V	E	R		O	S	E	R

EXTÉNUER

ARGOT EMBROUILLÉ

ELLE S'OPPOSE À L'ESPRIT

FORCE D'UNE PILE

CAPES AMPLES

DRAME POUR LES JAPONAIS

FINIR PAR LASSER

CARACTÈRE VAIN ET STUPIDE

ELLE EST COIFFÉE D'UN DÔME

BON À DÉTACHER

FAIT D'ARMES

VILLE DES BELONS

RELIEF DES CHAÎNES

PARTISAN DE NICOLAS II

IL SE FAIT TRÈS TÔT UNE PLACE AU SOLEIL

IL FUT ROI D'ATHÈNES

ESPÈCE DISPARUE

PETITE CITÉ BOURGUIGNONNE

DE LA NEIGE, IL CULMINE DANS LE JURA

29

JUIN

5 h 55 21 h 53

St Pierre, St Paul

	H		M		M		U
J	A	V	A	N	A	I	S
	R	O	T	O	N	D	E
S	A	L	I		T	I	R
	S	T	E	R	E	O	
T	S	A	R	I	S	T	E
	E	G	E	E		I	S
U	R	E		C	R	E	T

AFFLIGÉE D'UN VILAIN DÉFAUT / VEXER		SA TOUR PENCHE / BICOQUES		ELLES PRENNENT LE REPAS DU SOIR / GRAISSE		QUI EST BIEN LÀ / IL COORDONNE DEUX MOTS	
FRISANTE / PETIT RUBAN							
						LIEU DE PROMENADE SUR UN PAQUEBOT	
BERNÉ / EN QUI ON PEUT AVOIR CONFIANCE			PIGEONNÉ / UN CERTAIN TEMPS				
				IL TROUVE PRENEUR SUR UN PLATEAU			
ANIMAL RAMPANT / MET SUR LA BALANCE							
				LETTRES D'UNE PATRONNE			

30
JUIN
5 h 55 21 h 53
St Martial

	C		P		D		P
H	U	M	I	L	I	E	R
	R	A	S	A	N	T	E
L	I	S	E	R	E		S
	E	U		D	U	P	E
S	U	R	E		S	O	N
	S	E	R	P	E	N	T
P	E	S	E		S	T	E

COUPE D'ARBRES À LA BASE / COPIEUX		ASSOCIÉES / COUVRIS DE BRUN		LE CALCANÉUM EN FAIT PARTIE / CROQUIS		DURE DES PLOMBES (S') / RÉFUTE	
ON Y FABRIQUE UN ALLIAGE DE FER / ANGOISSER							
COMPRIME POUR FAIRE DE LA PLACE / COURT						PAS FORCÉMENT CERTAIN	
			UN SYMBOLE POUR PASCAL		ÉNONCÉ EN DÉBUT D'HYPOTHÈSE / DE PLUS		
ÉCHEC RETENTISSANT		ILS HABILLENT LES ROUES					

1er
JUILLET
5 h 56 21 h 53
St Thierry

■	A	■	U	■	T	■	E
A	B	O	N	D	A	N	T
■	A	C	I	E	R	I	E
S	T	R	E	S	S	E	R
■	T	A	S	S	E	■	N
R	A	S	■	I	■	S	I
■	G	■	P	N	E	U	S
D	E	S	A	S	T	R	E

VÉRIFIE LE CALIBRAGE

IN-CROYANCE

RÉPÈTE CONTINUEL-LEMENT

CHOQUER

ASSAILLIS DE TOUTES PARTS

TEL L'AIR MARIN

PIEUX VOYA-GEURS

LE BON FAIT RIRE

VAPO-RISATEUR

AISANCE DU STYLE

BIEN GARNIE

PILIER MIS AU COIN

CRI DE CELUI QUI ENCAISSE

JOYEUX

DONC MÉMORISÉ

BIEN SORTI

BRANCHÉS AU GOUTTE-À-GOUTTE

EN GÉNÉRAL, IL EST PROTÉGÉ PAR UN BONNET

2

JUILLET

5 h 56 21 h 52

St Martinien

■	E	■	S	■	A	■	P
A	T	H	E	I	S	M	E
■	A	E	R	O	S	O	L
F	L	U	I	D	I	T	E
■	O	R	N	E	E	■	R
A	N	T	E	■	G	A	I
■	N	E	■	S	E	I	N
P	E	R	F	U	S	E	S

AVENTURE D'UN SOIR...

ENTRE DEUX ÉCLAIRCIES

AU BOUT DE LA CHAÎNE

CLUB DE GOLF

BELLE OVATION

ANCIEN INDIEN

REMIS AU COÛT DU JOUR

ROULER LE CLIENT

L'HABIT QUI FAIT LE MOINE

ASSEZ PRÉCIEUX

ELLE EST BIEN REÇUE AU SALON

PLACE DU MAÎTRE

GRAS OU CRU

IL NE VA JAMAIS VITE

SERPENT NON VENIMEUX

ÉGYPTE D'ANTAN

ESPRIT SCANDI-NAVE

DEUX CENTS À ROME

UN CLUB

EN VENIR AUX MAINS (EN)

BAVAR-DAGE CONTINUEL

3

JUILLET

5 h 57 21 h 52

St Thomas

■	H	■	B	■	O	■	R
G	I	B	O	U	L	E	E
■	S	O	U	T	A	N	E
U	T	I	L	E	■	T	V
■	O	S	E	■	B	O	A
A	I	■	T	R	O	L	L
■	R	C	■	A	R	E	U
D	E	C	O	U	D	R	E

RETOUCHER UN VÊTEMENT / DIFFÉRER		BOUTON DE FLEUR / FAVORABLE		SOUHAITS / GUIDES		EXCAVÉES / SON CHEF EST LE PRÉSIDENT	
ELLE S'HABILLE D'UNE HOUSSE / GAZINIÈRE							
À FAIRE IMMÉDIATEMENT / TRAVAUX AU LABO							
		UN POINT SUR LA CARTE / IL COULE EN ITALIE				DIVINITÉ SOLAIRE DE L'ÉGYPTE ANTIQUE	
ELLE DOPE LE SPORTIF / TE MOQUAS				ELLE S'ÉTEND SUR PLUSIEURS SIÈCLES			

4

JUILLET

5 h 58 21 h 52

St Florent

	R		B		A		C
R	E	P	O	R	T	E	R
	C	O	U	E	T	T	E
F	O	U	R	N	E	A	U
	U	R	G	E	N	T	S
T	P		E	S	T		E
	E	P	O		E	R	E
I	R	O	N	I	S	A	S

DÉCOR D'ORFÈVRE / LITS D'URGENCE		TISSU POUR DE BEAUX DRAPS / CERTITUDES		FAIRE LE MATAMORE / GÉRÉ PAR LA COLLECTIVITÉ		MOUSSE CHEZ LES ITALIENS / JOIE DE VIVRE	
HUMANT / PETITE DERNIÈRE							
			SYSTÉMATIQUEMENT DANS L'OPPOSITION				
PRODUIRE UN ÉTAT DES LIEUX / OBJECTIF							VENUS APRÈS NEUF MOIS
			EXPORTATEUR DE CAVIAR / UN IMBATTABLE				
ROUES DE POULIES / PROJETS PARTICULIERS					C'EST-À-DIRE EN PLUS COURT		

5

JUILLET

5 h 59 21 h 51

St Antoine

■	C	■	L	■	C	■	A
C	I	V	I	E	R	E	S
■	S	E	N	T	A	N	T
D	E	R	■	A	N	T	I
■	L	I	S	T	E	R	■
B	U	T	■	I	R	A	N
■	R	E	A	S	■	I	E
D	E	S	S	E	I	N	S

CORDON-BLEU

APPLIQUÉES

VOISIN À LA TOUR CÉLÈBRE

HERBES AUX LIONS

PETITE TENUE

BOIT D'UN TRAIT

ALCALOÏDES TOXIQUES

CAP SUR VERDUN

PROTÉINE DU LAIT

DIRE DU MAL

ENVOIE UNE PIQUE

DEVISE CORÉENNE

IL TRAVERSE BÉZIERS

ON Y REÇOIT UNE ÉDUCATION TRÈS ANGLAISE

HOMME AU PISTOLET

VILLE ET OUED DU MAROC

ELLES ASSISTENT À LEUR PREMIER BAL

6

JUILLET

6 h 00 21 h 51

Ste Mariette

■	E	■	P	■	N	■	E
A	S	S	I	D	U	E	S
■	C	A	S	E	I	N	E
B	A	V	A	S	S	E	R
■	L	A	N	C	E	■	I
W	O	N	■	E	T	O	N
■	P	E	I	N	T	R	E
F	E	S	■	D	E	B	S

ARBRE À FLEURS OU À FRUITS

DÉSENCHAÎNER

ATTACHER LE SOULIER

BARÈME DE PRIX

CATHOLIQUE OU PROTESTANT

LE COBALT

MONTE-CHARGE

ENFOUIT DANS LE SOL

RATATINÉ

ENCORE PLUS MAL

ET LA SUITE

BELLE ESSENCE DES FORÊTS

BOIT PAR PETITES GORGÉES

ALERTE

ON L'ATTIRE DANS LES POUMONS

RIGOLERA

ÉTAT-MAJOR ABRÉGÉ

CONDUIRE EN VIRÉE

IL COUVRE LA TOILE DU POLISSEUR

7

JUILLET

6 h 00 21 h 50

St Raoul

■	C	■	L	■	C	■	C
D	E	T	A	C	H	E	R
■	R	A	C	O	R	N	I
P	I	R	E	■	E	T	C
■	S	I	R	O	T	E	■
V	I	F	■	R	I	R	A
■	E	■	E	M	E	R	I
P	R	O	M	E	N	E	R

PROTECTION MÉTALLIQUE / TOUT MOUS		ENDOSSÉE / ÉCRIRE DES COMMENTAIRES		GRAVÉ / EMBARCADÈRE		TENTÉE / DÉTACHER LE GRAIN	
ÉMEUTIER / ON PEUT Y TROUVER VOTRE NOM							
CULMINE / EN MAUVAIS ÉTAT							IL N'EST PAS TRÈS ÉTENDU SUR CETTE TERRE
				GRANDE ÉCOLE / KILOEURO			
CRACK DE L'INFORMATIQUE / PRISE DE BEC					L'ERBIUM POUR LE CHIMISTE		
			NOM GAÉLIQUE D'UN PAYS D'EUROPE				

8

JUILLET

6 h 01 21 h 50

St Thibault

	B		A		B		O
F	L	A	S	Q	U	E	S
	I	N	S	U	R	G	E
A	N	N	U	A	I	R	E
	D	O	M	I	N	E	
G	A	T	E		E	N	A
	G	E	E	K		E	R
V	E	R		E	I	R	E

À LA CONSTITUTION FRAGILE CANARD SAUVAGE		RÉUNI PRIS EN NOTE		ELLE DONNE LE BON CALIBRE CARQUOIS		FAIRE TOURNER LA BOÎTE BRILLANT PRONOM	
UN OGRE DE PAPIER CRISE CHRONIQUE							
FIN DE CORPS OU D'ESPRIT CIBOULE						PROCÈDE PAR ÉLIMINATION	
				ANCIENNE NOTE DE MUSIQUE ARTICLE CASTILLAN			ELLE PASSE SON TEMPS À REMBOURSER
CALE EN MÉCANIQUE ÉPLORÉES			IL FIT FUMER LES GAULOIS...				

9

JUILLET

6 h 02 21 h 49

Ste Amandine

	M		A		A		G
S	A	R	C	E	L	L	E
	L	E	C	T	E	U	R
J	A	L	O	U	S	I	E
	D	E	L	I	E		R
C	I	V	E		U	T	
	V	E		E	S	U	S
D	E	S	O	L	E	E	S

INCERTAIN, FUGACE

CHEVAL À VINCENNES

AMEUTE LA FOULE

PERSONNEL PEU PRÉCIS

COMMERCE D'OBJETS FRAGILES

EFFET MAGIQUE

DÉNATURÉE

PAYS DE NEW YORK

DISTENSION DES LIGAMENTS

JÉSUS-CHRIST

CAM-PAGNARD

IL EST JETÉ PAR JEU

AIME VRAIMENT

EMPLA-CEMENT

IL A LE TEM-PÉRAMENT EXPLOSIF

JOUR DE REPOS

TERMINAI-SON DE VERBE

MANQUE DE LOURDEUR

ELLE SE PURGE DERRIÈRE LES BARREAUX

10

JUILLET

6 h 03 21 h 48

St Ulrich

■	P	■	A	■	V	■	F
T	R	O	T	T	E	U	R
■	E	N	T	O	R	S	E
J	C	■	R	U	R	A	L
■	A	D	O	R	E	■	A
L	I	E	U	■	R	T	T
■	R	■	P	E	I	N	E
L	E	G	E	R	E	T	E

AUTHENTICITÉ DE PROPOS

ÉPAULAS

QUI DURE LONGTEMPS

PATRIMOINE

VÉCU AVEC SES TRIPES

MARAIS PRODUCTIF

OUVERTURE DU VIOLON

PERÇANT

TRANQUILLISÉ

GÂTEAU EN FORME DE LOSANGE

OUTIL DE MENUISIER

IL VOIT PASSER LE SWING DE PRÈS

S'AMENA

BRASSE LES CARTES

MOMENTS DE REFROIDISSEMENT

ARBRE DU BORD DES RIVIÈRES

TROIS MOIS ATTENDUS AVEC IMPATIENCE

11

JUILLET

6 h 04 21 h 48

Ste Olga, St Benoît

■	V	■	A	■	I	■	B
R	E	S	S	E	N	T	I
■	R	A	S	S	U	R	E
C	A	L	I	S	S	O	N
■	C	I	S	E	A	U	■
V	I	N	T	■	B	A	T
■	T	■	A	U	L	N	E
G	E	L	S	■	E	T	E

ÉNIGME / DÉROGE À		ARRIVE JUSQU'AUX FONDATIONS / RASANT		PLACÉ AU POT / LES ENVIRONS		CONSTERNÉS / MOT DE LA PESTE	
SIÈGE DE TOUT REPOS / ABATTU							
						RÉPANDU D'UN GESTE AUGUSTE	
LAC LOMBARD / CHEF POUR DES CAÏDS					ILS AIMENT ÊTRE AU COURANT		
			DÉTÉRIORER / C'EST-À-DIRE				
CONFONDRE / ABHORRÉS					ABRÉVIATION POUR DES GENS DE LOI		

12
JUILLET
6 h 05 21 h 47
St Olivier

	I		A		M		A
E	N	F	R	E	I	N	T
	T	R	A	N	S	A	T
T	R	I	S	T	E		E
	I	S	E	O		S	R
A	G	A		U	S	E	R
	U	N	I	R		M	E
D	E	T	E	S	T	E	S

PRENDRE LA PÊCHE

BRILLANTE

LASSE

PAYS DE GANDHI

JALOUSÉE

APPRÉHENDER UN SUSPECT

CHANSON SOUS LE BALCON

IL CIRCULE EN RÉGION

EXCITER, AGITER

LIEU DE PONTE

MANQUER DE SÉRIEUX

FLAIRE

FRUSTRÉE

ABRÉVIATION POUR NOTRE SATELLITE

TEL UN PRIX SANS SURPRISE

ÉCIMA

MARQUE D'UNE JEUNE VOLONTÉ

REÇU À LA NAISSANCE

FEMME DE DISCOURS

TRAVAUX DIRIGÉS

13

JUILLET

6 h 06 21 h 46

St Henri, St Joël

	C		U		E		S
L	U	I	S	A	N	T	E
	E	N	E	R	V	E	R
N	I	D		R	I	R	E
	L	E	S	E	E		N
P	L		E	T	E	T	A
	I	N	N	E		T	D
O	R	A	T	R	I	C	E

QUI LAISSE FOURBU

CÉRÉALE RUSTIQUE

JOIE DE VIVRE

IL S'ÉCLAIRE LE MATIN

SPÉCIFIÉS

FORMULE DE GRAND PRIX

BOIS POUR L'ÉBÉNISTE

SORTI INDEMNE

COMME UN LIEU PLEIN D'ENTREPRISES

PROFÉRÉE

ÉLÉMENT DE L'ALPHABET GREC

FEMELLE DU LIÈVRE

MACHINS CHOSES

SUJET PERSONNEL

PETIT POÈME ANCIEN

ADVERBE

DRAME AU JAPON

TIRER PARTI DE

CHAMPIGNON DU GENRE BOLET

14

JUILLET

6 h 07 21 h 45

Fête nationale • St Camille

■	E	■	G	■	S	■	M
E	P	E	A	U	T	R	E
■	U	S	I	N	I	E	R
D	I	T	E	■	P	S	I
■	S	■	T	R	U	C	S
H	A	S	E	■	L	A	I
■	N	O	■	C	E	P	E
U	T	I	L	I	S	E	R

ATTELAGE CAMPAGNARD SŒURS DE LAIT		FEMME DE TÊTE BOUDDHISTE, C'EST UN BONZE		OBJET INSUBMERSIBLE AL PACINO, ROYAL		QUI N'EST PLUS IN DIMINUÉE POUR NOS AÏEUX	
TIRÉ À PLUSIEURS EXEMPLAIRES MORNE							
HORS JUS PARFOIS PIEUX							C'EST PLUS LÉGER QUAND ON LE DOUBLE
				AUTEUR ITALIEN COMMUNE SUR LA BRESLE			
SIMPLE D'ESPRIT		C'EST LE COMMENCEMENT					

15

JUILLET

6 h 08 21 h 44

St Donald

	C		P		F		U
M	A	M	E	L	L	E	S
	R	O	N	E	O	T	E
G	R	I	S	A	T	R	E
	I	N	E	R	T	E	
V	O	E	U		E	C	O
	L		S	E	U	I	L
D	E	M	E	U	R	E	E

BROSSE À BARBE / TOMATE ALLONGÉE		PREMIÈRE DAME AU MONDE / C'EST UNE INSULAIRE		FAIT LE POIREAU / AVANCE SANS BUT		CHASSE LE RENFERMÉ / DÉCORATION MURALE	
DEVANCER UNE MENACE / DOUZE À ROME							
			GUIDE DE MONTURE / PEAU DE VACHETTE				
TOUT NOUVEAU / BLOQUÉ							POUR MONTRER QUELQUES CHOSES
				GRAND NOBLE OU RAPACE / AVANT UNE CONDITION			
ON EN FAIT DU PASTIS / ABRIS DE FACTIONNAIRES					ÎLE EN FACE DE LA ROCHELLE		

16

JUILLET

6 h 09 21 h 44

Notre-Dame du Mont Carmel

	B		E		A		A
O	L	I	V	E	T	T	E
	A	L	E	R	T	E	R
X	I	I		R	E	N	E
	R	E	C	E	N	T	
T	E	N	U		D	U	C
	A	N	I	S		R	E
G	U	E	R	I	T	E	S

NI UNE NI DEUX ! / MAGNIFIQUES		ENTOURA POUR BLOQUER / ATTRISTERA		ELLE CEINT LA GEISHA / CRIE COMME UNE BÊTE		FILLE DU 38 / NOUVEL ARRIVANT	
VRAIMENT ZEN / ELLE EST TOUJOURS AU BOULOT							
				UN PETIT TOUR / GARNITURE DE TAMBOUR			
ARCHIVES DE LA TÉLÉ / ÉLUE EN BREF				L'AMATEURISME NE LE CONCERNE PAS / GAÏA			
			OISEAU FORESTIER / EXTRAIT D'UN LIVRE				
VILLE DU LOIRET / IL SERRE OU SE RESSERRE							
				MEMBRE D'UN PEUPLE AMÉRINDIEN			

17

JUILLET

6 h 10 21 h 43

Ste Charlotte

■	A	■	C	■	O	■	I
S	U	P	E	R	B	E	S
■	S	E	R	E	I	N	E
U	S	I	N	E	■	T	R
■	I	N	A	■	P	R	O
S	T	E	■	G	E	A	I
■	O	R	L	E	A	N	S
E	T	A	U	■	U	T	E

CAISSE DE SECOURS PAROLE DE GOUJAT		FARD BRILLANT ADEPTES DES PAPILLOTES		JUSTE ÉTOUFFE		LAISSER UN CHAMP DE RUINES SORTIE D'ÂNE	
SIÉGEANT À LA PORTE DU CABINET							
CROC DE CHE-VILLARD BLOND CULTIVÉ					UN POUVOIR QUI A FAIT SON TEMPS		
			PARTIE DU REPAS, AUTREFOIS				
POSSESSIF AVEC EUX PRÈS DE					L'IRIDIUM DANS LES FORMULES CHIMIQUES		
			PÈRE QUI FIT UN MAUVAIS PLONGEON				

18

JUILLET

6 h 11 — 21 h 42

St Frédéric

■	M	■	G	■	V	■	D
M	U	F	L	E	R	I	E
■	T	R	O	N	A	N	T
H	U	I	S	S	I	E	R
■	E	S	S	E	■	P	U
B	L	E	■	R	O	T	I
■	L	E	U	R	■	I	R
L	E	S	■	E	G	E	E

MOITEUR BAS DE MAILLOTS DE BAIN		BASSE SUR PATTES ARTICLE MASCULIN		MITOYEN SÉLECTIONNE		FAIRE PREUVE D'AUDACE ELLE A DES LETTRES	
GESTE CONDAMNABLE SOLDAT AMÉRICAIN							
		D'UN TEMPÉRAMENT ENJOUÉ TABLE DE MARCHÉ					
RELÂCHE LA TENSION ÉTAPE RURALE							NE VEUT PAS RECONNAÎTRE SA FAUTE
				PREMIER DÉPARTEMENT À LE			
BIEN À TOI DOUCE AU TOUCHER			DEVANT CELUI QUI EST CONTRE				

19

JUILLET

6 h 12 — 21 h 41

St Arsène

■	H	■	C	■	A	■	O
C	U	L	O	T	T	E	S
■	M	E	U	R	T	R	E
G	I	■	R	I	E	U	R
■	D	E	T	E	N	D	■
G	I	T	E	■	A	I	N
■	T	A	■	A	N	T	I
V	E	L	O	U	T	E	E

IMPRUDENT

DES ENCLOS POUR DES CHEVAUX

ADOUCI AVEC DU SUCRE

DIVAGUER

BRUN ORANGÉ

RÉGION DE BEAUX TAPIS

DERRIÈRE *NU* EN GRÈCE

VÉHICULE DE SPORT

ME FIS DES ILLUSIONS (ME)

FAIRE UNE ALLIANCE

ELLE EST PRISE PAR LE MODÈLE

IL FAIT DÉFAUT

TRAVAUX SCOLAIRES

BIEN EN CHAIR

PRONONCE

TEL LE DINDON DE LA FARCE

ENCHÂSSÉES

TITRE DONNÉ AUX PRÊTRES

PASSÉE VOLONTAIREMENT SOUS SILENCE

20

JUILLET

6 h 14 21 h 40

Ste Marina

■	M	■	E	■	O	■	K
P	A	D	D	O	C	K	S
■	L	E	U	R	R	A	I
R	A	L	L	I	E	R	■
■	V	I	C	E	■	T	P
G	I	R	O	N	D	■	O
■	S	E	R	T	I	E	S
P	E	R	E	■	T	U	E

IL PEUT FAIRE DÉSORDRE / FOLIE DOUCE		MULTIPLE / DÉSHO-NORA		QUI A PEU D'ÉPAIS-SEUR / INTERNET ABRÉGÉ		SERPENTS DU DÉSERT / CAMPAGNE FRANÇAISE	
RADOUBER / FERA ENTENDRE SA RAISON							
CITÉ DU VERCORS / TROP PRÈS DU FILET				COMMUNE EN RÉ / FUT CONTRAINT			
			EN SAVOIE, ON EN FAIT TOUT UN PLAT / CHROME				
ILS SONT AU DÉPART		FAMILLE DE PHYSICIENS					

21

JUILLET

6 h 15 21 h 39

St Daniel, St Victor

	I		V		L		C
I	N	S	A	N	I	T	E
	C	A	R	E	N	E	R
M	I	L	I	T	E	R	A
	D	I	E		A	R	S
L	E	T		D	I	O	T
	N		C	U	R	I	E
S	T	A	R	T	E	R	S

BAGATELLE

TRAVAILLER DUR

ABASOURDI

DÉSERT DE PIERRES CHAUDES

TISSU MONO-CHROME

PRIVÉS DE RÉACTION

DÉLICIEUX GÂTEAU D'ÉTÉ

FAUTIVE

FLÉTRIRA

COMME LA VOIX D'UNE SOPRANO

PARTICIPE PLEIN DE GAIETÉ

MET LA DERNIÈRE MAIN

GROUPES DE PER-SONNES

CLAIR ET PRÉCIS

CONJONC-TION NÉGATIVE

RAPPORT EN MATHS

RÈGLE EN FORME DE LETTRE

SOTTISIER

ELLE FUT SOUVENT SORTIE PAR D'ARTA-GNAN

22

JUILLET

6 h 16 21 h 37

Ste Marie-Madeleine

■	F	■	A	■	U	■	F
T	U	R	B	I	N	E	R
■	T	E	R	N	I	R	A
A	I	G	U	E	■	R	I
■	L	■	T	R	I	O	S
F	I	N	I	T	■	N	I
■	T	E	■	E	P	E	E
B	E	T	I	S	I	E	R

ELLE PORTE TOUJOURS UN BONNET DESTIN		ILS PASSENT PAR DES ŒILLETS ANGOISSE		CÉLÈBRE TOUR D'ITALIE PARTIE COUPANTE		BONS POUR LES RÉCOLTES DONNANT ENVIE	
REPLACER AILLEURS TRANSFERT D'ARGENT							
CHAÎNE EURO-PÉENNE ELLES SONT À LA PAGE					SYMBOLE POUR LE TITANE BRUIT DE COUP		
				PIEU CELA SERAIT PRÉFÉ-RABLE			
NON DÉCORÉ COMME DES YEUX VIFS			VOLATILE AUX PIEDS PALMÉS				

■	M	■	L	■	P	■	F
F	A	T	A	L	I	T	E
■	R	E	C	A	S	E	R
V	I	R	E	M	E	N	T
■	A	R	T	E	■	T	I
U	N	E	S	■	P	A	L
■	N	U	■	C	A	N	E
P	E	R	C	A	N	T	S

HARMONIEUSE

BONS FILONS

PARQUAS

CE SONT DES SALADES

SIMPLE

QUI N'ONT PAS DE BON SENS

FLEUVE FRANCO-BELGE

POUR DIRE OÙ...

ELLE SE FAIT METTRE EN BOÎTE

HALAIT

ELLE TRANSPORTE LES PARISIENS

OISEAU CASQUÉ

TEST POUR UN PSYCHIATRE

BIEN SORTIS

SORTE DE TAJINE PROVENÇAL

CRÉDIT ACCORDÉ

DU BLÉ POUR DU RIZ

ÉLÉMENTS DE CHARRUES

24 JUILLET

6 h 18 21 h 35

Ste Christine, Ste Ségolène

■	M	■	G	■	U	■	Y
A	U	B	A	I	N	E	S
■	S	A	R	D	I	N	E
T	I	R	A	I	T	■	R
■	C	A	S	O	A	R	■
T	A	T	■	T	I	A	N
■	L	I	B	E	R	T	E
S	E	N	■	S	E	P	S

COUP DE BOXEUR FUGACE		OISEAU DES ÎLES INTER-JECTION		HOMME-SINGE TOILES		POURRIES BIEN DÉCIDÉE	
PILLER, COPIER PRONOM PERSONNEL RÉFLÉCHI							
		NACRÉ DÉTIENS EN MAINS PROPRES					
FEMME DE RAJAH PRÉCISION DE LIEU					PROPOSE UNE ALTER-NATIVE PAS LES AUTRES		
			BONS À RIEN PETIT CUBE				
VICTIMES D'UNE ONDE DE CHOC		PRIVÉ DE TOUT SCRUPULE					

25
JUILLET
6 h 20 21 h 34
St Jacques

	U		S		Y		V
E	P	H	E	M	E	R	E
	P	I	R	A	T	E	R
S	E		I	R	I	S	E
	R	A	N	I		O	U
I	C	I		N	U	L	S
	U		D	E	N	U	E
S	T	R	E	S	S	E	S

PIGMENT QUI FAIT BRONZER / SATIRE		MÉLANGE POUR CARBURANT / INDICES DE DANGER		CLAIRONNÉ / DRESSA NON SANS MAL		ARMES DE SÉDUCTION / DANS	
JOIGNANT LES DEUX BOUTS / MOT QUI REPOUSSE							
			ROYALE ABRÉVIATION / DISCIPLINE DU FITNESS			COMME LA COUPE PLEINE	
COMPRIMERA / SANS RETARD							
					ÉPROUVE / PLATINE AU LABO		
ARRIVÉE PARMI NOUS / DICTATEURS				POUR APPELER SANS SE FAIRE REMARQUER			

26

JUILLET

6 h 21 21 h 33

Ste Anne, St Joachim

■	C	■	G	■	C	■	A
P	A	M	P	H	L	E	T
■	R	E	L	I	A	N	T
N	O	N	■	S	M	■	R
■	T	A	S	S	E	R	A
R	E	C	T	A	■	A	I
■	N	E	E	■	P	S	T
D	E	S	P	O	T	E	S

ARRIVER EN DILIGENCE ▶▼ / LA PIEUVRE EN EST UN ▶		MONTRE LES DENTS ▶▼ / FIGURE EN HÉLICE ▼		FILE COMME UNE BOMBE ▶▼ / MARCHEUR DES VILLES ▼		EXPOSE AU ZÉPHYR ▶▼ / ELLE EST À L'OMBRE ▼	
▶							
ÉMETTRE UN GRINCEMENT AIGU ▶ / HONNÊTE ▶							
▶							
COURANTE MAIS VIEILLIE ▶ / MUSE DES POÈTES ▶							PLANTOIR DE VIGNERON ▼
▶					LE NEPTUNIUM ▶ / IL NAIT DANS L'ALTAÏ ▼		
DE MÊME ▶ / FRUIT D'UN PALMIER ▶			FIT UNE FAVEUR ▶				
▶				BEAU AVANT L'ÉTÉ, L'AUTOMNE OU L'HIVER ▶			

27

JUILLET

☀ 6 h 22 ☀ 21 h 31

Ste Nathalie

	A		S		F		A
O	C	T	O	P	O	D	E
	C	O	U	I	N	E	R
C	O	R	R	E	C	T	E
	U	S	I	T	E	E	
E	R	A	T	O		N	P
	I	D		N	O	U	A
A	R	E	C		B	E	L

IDENTIFIÉ PAR UN CHIFFRE / PIÈCE POUR BÉBÉS		IL BRILLE AU FIRMAMENT / DIRE À NOUVEAU		MOYEN DE TRANSPORT URBAIN / ALLONGE, ÉTEND		BOIRE AU SEIN / JAMAIS VUE	
PLAÇANT / DÉMO-RALISÉE							
CRIER TEL UN CERF / GARÇON BOUCHÉ					UN PETIT DOCTEUR / LE MAL-CHANCEUX EN MANQUE		
			IL RESTE REBELLE AU PEIGNE / AXE DE ROSE				AS UNE EXISTENCE CERTAINE
SUPPORT DE BALLE / DÉSAR-ÇONNES				EFFECTUE UN PRÉ-LÈVEMENT			

28

JUILLET

6 h 23 21 h 30

St Samson

	N		A		T		T
N	U	R	S	E	R	I	E
	M	E	T	T	A	N	T
D	E	P	R	I	M	E	E
	R	E	E	R		D	R
S	O	T		E	P	I	
	T	E	E		O	T	E
D	E	R	O	U	T	E	S

QUE L'ON PEUT TOUCHER

À SE TENIR LES CÔTES

ACCESSOIRE DE MÉNAGE

NETTOYAGES

LIVRÉ AU PUBLIC

INTÉRIMAIRE DU PASSÉ

HORS DU TEMPS

OPPOSÈRENT UN DÉMENTI

MAGASIN D'ART

DÉBLOQUER MÉCHAMMENT

ENVELOPPE D'OREILLER

DESSIN SUR UN MUR

ELLE SE PRÉSENTE, À NOUS, BORNÉE

RÉFUTÉE

INITIALES DE PRINCE

POIDS QUI FINIT BALANCÉ

APPUYA TRÈS FORT

PHASE DE LA LUNE

IL SE PRÉPARE EN DEUX ANS

29

JUILLET

6 h 25 21 h 29

Ste Marthe

■	D	■	B	■	P	■	E
H	I	L	A	R	A	N	T
■	G	A	L	E	R	I	E
D	I	V	A	G	U	E	R
■	T	A	I	E	■	R	N
T	A	G	■	N	I	E	E
■	L	E	S	T	■	N	L
P	E	S	A	■	B	T	S

PARTIR DANS TOUS LES SENS (S')

ENVENIMER

PAPIER RÉSISTANT

COUPE DE LÉGENDE

ABSOLUMENT AVEUGLANTS

MENTION

PAYS PÉTROLIER D'ASIE

À L'ANGLE REPLIÉ

CAFÉIER LE PLUS COURANT

LA MÔME DE CERDAN

GESTE GRACIEUX

GARDES EN BOUCHE

FAIRE DANS LE BOIS OU DANS LES COUPS

RIVIÈRE

MESURE PRISE SUR LE CHAMP

KARINA AU CINÉMA

OUVRE L'ÉPITAPHE

OINTE

RAPPORTER EN LITTÉRATURE

30

JUILLET

6 h 26 21 h 27

Ste Juliette

■	E	■	K	■	E	■	I
A	G	G	R	A	V	E	R
■	A	R	A	B	I	C	A
P	I	A	F	■	D	O	N
■	L	A	T	T	E	R	■
I	L	L	■	A	N	N	A
■	E	■	C	I	T	E	R
G	R	A	I	S	S	E	E

MOIS-SONNÉE

GARDIEN DE NUIT

DES METS

QUI N'EXISTENT PAS

CONSEILLER SAGE ET EXPÉRIMENTÉ

LAÇA

DES LIGNES AVANT L'ŒUVRE

INTÉRÊT

ENVISAGÉE AVEC ANGOISSE

TRANSPORTABLE

ARTICLE PLURIEL

SAISON DU LAISSER HÂLER

VAGUE DANS LE STADE

ANCIENNE EUROPE

OUTIL POUR CHANGER LES ROUES

FEMME CHOISIE

POUR DÉSIGNER

INSTRUMENT EN FORME DE LETTRE

PÉRIODES D'UN CERTAIN TEMPS

31

JUILLET

6 h 27 21 h 26

St Ignace de Loyola

■	R	■	P	■	M	■	P
V	E	I	L	L	E	U	R
■	C	R	A	I	N	T	E
P	O	R	T	A	T	I	F
■	L	E	S	■	O	L	A
E	T	E	■	C	R	I	C
■	E	L	U	E	■	T	E
C	E	S	■	E	R	E	S

ELLE FAIT DANS LA NUANCE / BEAU CRISTAL		QUI SENT LE RÉCHAUFFÉ / COLONNES MILITAIRES		AU NOMBRE DES VILLES D'ITALIE / AFFOLÉE		CHAUFFEUR DE SALLE / MESURE D'ÉCOUTE	
CYCLISTE / PAYS AU BORD DU GOLFE DE BOTNIE							
AU FAIT / SUR LA BOUSSOLE							ROULÉE POUR EMBOBINER
			SIGNE D'ÉQUIVALENCE / DEVANT UN RELIGIEUX				
ÉMET UNE TRAITE / HONORE					DE L'OR SUR UN TABLEAU		

1er AOÛT

6 h 27 21 h 25

St Alphonse

■	V	■	E	■	T	■	A
B	A	C	C	A	R	A	T
■	R	O	U	L	E	U	R
F	I	N	L	A	N	D	E
■	A	V	E	R	T	I	■
N	N	O	■	M	E	M	E
■	T	I	R	E	■	A	U
R	E	S	P	E	C	T	E

CE QUI RESTE EN PLUS

ENVOYER UN COLIS

TOILE DE JEAN

IL DRAPE LA TAHITIENNE

DESCENDANT DIRECT DE GAVROCHE

SOUHAITE

MANSARDES

BOUCHE BÉE

BOBINE DE MACHINE À COUDRE

IRONIE MORDANTE

GRAND VERRE DE BIÈRE

PRÉNOM MASCULIN

NÉGATION QUI VA PAR DEUX

ET AINSI DE SUITE

GUIDE DU CAVALIER

ENTRE TROIS ET QUATRE

BOÎTE QUI A LA FORME DE CE QU'ELLE CONTIENT

SAUTER, EXPLOSER

POUR DÉSIGNER

2
AOÛT
6 h 29 21 h 23
St Julien

■	E	■	D	■	T	■	G
E	X	P	E	D	I	E	R
■	C	A	N	E	T	T	E
D	E	R	I	S	I	O	N
■	D	E	M	I	■	N	I
L	E	O	■	R	E	N	E
■	N	■	P	E	T	E	R
E	T	U	I	■	C	E	S

COMME UNE VACHE À TROIS COULEURS / EMPOTÉES		ADROI-TEMENT / LUXÉ OU CASSÉ		PEINES D'AMOUR / LE MARIN LE PORTE BIEN		ASSUJETTI / DIRECTION SUR LA ROSE DES VENTS	
ABJURANT / PLONGER DANS L'EAU							
PRISER / ELLE PERMET DE SAISIR UNE CRUCHE						IL NOUS FAIT TOURNER LA TÊTE	
				DANS LE LIEU OÙ L'ON SE TROUVE			
QUI TARDE À SE MANIFES-TER		DIMINUTIF D'ANNE					
				EUT L'INFORMA-TION			

3

AOÛT

6 h 30 21 h 22

Ste Lydie

■	N	■	F	■	C	■	A
G	O	D	I	C	H	E	S
■	R	E	N	I	A	N	T
I	M	M	E	R	G	E	R
■	A	I	M	E	R	■	E
A	N	S	E	■	I	C	I
■	D	■	N	I	N	O	N
L	E	N	T	■	S	U	T

ACCRÉDITÉ / BUISSON ARDENT		NOBLE DE CŒUR / INSI-GNIFIANTES		ON LE SUIT À LA MESSE / PARTIE DE VERS		DE VAGUES FILLES / CARRÉ	
AJOUTER UN PRODUIT AU MOÛT / RÉCUSÉ							
DUR À AVALER / LOI VOTÉE EN ANGLE-TERRE						POUSSÉ PAR CELUI QUI S'EST FAIT PINCER	
				PALE-FRENIER / STRONTIUM AU LABO			
ILS DIS-SIPAIENT LES VAPEURS / DISCRETS					RACCOURCI AVANT L'EX-PLICATION		

4
AOÛT

6 h 31 21 h 20

St Jean-Marie Vianney

■	A	■	G	■	M	■	N
A	U	B	E	P	I	N	E
■	T	A	N	I	S	E	R
C	O	N	T	E	S	T	E
■	R	A	I	D	E	■	I
B	I	L	L	■	L	A	D
■	S	E	L	S	■	I	E
R	E	S	E	R	V	E	S

PARCOURS PROFES-SIONNEL / CREUSER UN SILLON		PRÉSENT À NOËL / PAS MÉCHANT		AGACE SÉRIEU-SEMENT / *DO* D'ANTAN		ELLE PEUT AUSSI FAIRE DES GALETTES / ENLISÉE	
TRAIN-TRAIN / ELLE REÇOIT LES SUFFRAGES							
				FORMULE DE POLITESSE / BIÈRES BLONDES			
IL RAPPORTE DIX POINTS À LA BELOTE		FRAPPAI / PETIT AVEC UN TUTU					
			VICTIME D'UN MAUVAIS PARTAGE / LE CÉRIUM				
ELLE FIGURE DANS UN PEDIGREE / ABHORRÉE					TERMINAI-SON DU PREMIER GROUPE		

5
AOÛT
6 h 33 21 h 19
St Abel

■	C	■	J	■	C	■	C
L	A	B	O	U	R	E	R
■	R	O	U	T	I	N	E
U	R	N	E	■	S	V	P
■	I	■	T	A	P	A	I
D	E	R	■	L	E	S	E
■	R	A	C	E	■	E	R
D	E	T	E	S	T	E	E

ENVAHIE PAR LA VERMINE / CANDIDE		AGGLOMÉRATION RURALE / IDÉES GÉNÉRALES		METTRE DE L'ORDRE / MUNIR DE DENTS		IL N'EST PAS TOUJOURS HUMAIN / CURE	
FARCIR DES CHOCOLATS / DÉCROCHAGE							
ÇA PERMET D'ÊTRE À LA PAGE / TRAVAIL FORCÉ							ORGANE QUI FAIT L'OBJET DE TRAITES
			QUAND ÇA DÉPASSE LES BORNES				
IL S'EST MIS SON PÈRE À DOS / POUR DÉSIGNER					CHIFFRES ROMAINS		
			VOIES PUBLIQUES URBAINES				

6
AOÛT
6 h 34 21 h 17
St Octavien

	I		B		S		E
I	N	N	O	C	E	N	T
	F	O	U	R	R	E	R
R	E	T	R	A	I	T	E
	S	I	G	N	E	T	
S	T	O		T	R	O	P
	E	N	E	E		I	I
C	E	S		R	U	E	S

DÉRIVE INCONTRÔLÉE

HOMMES DE LOI

CRUCHES ET NOUILLES

METTRE AU PARKING

MANIÈRE D'ÊTRE PHYSIQUE OU MORALE

HUME

TAQUINE

DEDANS

S'IRRITANT

IL SE PORTE CAUTION

CELLE DU LION EST LA MEILLEURE

A LE DROIT DE

PETIT ORDINATEUR

BOUT DE GRAS

FERME DANS LE MIDI

FIGURE DE CHINE

INDICATION DE LIEU

CONTINUE MALGRÉ TOUT

DIFFÉRENCE ENTRE DEUX VALEURS

7

AOÛT

6 h 35 21 h 15

St Gaétan

	D		N		E		A
L	E	G	I	S	T	E	S
	R	A	G	E	A	N	T
G	A	R	A	N	T		I
	P	E	U	T		P	C
L	A	R	D		M	A	O
	G		E	C	A	R	T
P	E	R	S	I	S	T	E

EMBOU-CHURE DE COURS D'EAU AGRESSE		PAVER LA CUISINE EAU PARISIENNE		BREF SOUVENIR FERA LE CHEMIN		PAS BIEN MALIN ENTRÉE DE BOIS	
CHAMP D'ACTIVITÉ BONNE CARAPACE							
BÊTE BÂTÉE PRODUITS DES GAUFRES				GRAND SUCCÈS VOILE DE VITESSE			
					IL EST FORT POUR FAIRE UN PLI		RÉDUCTION POUR LA SÉCURITÉ SOCIALE
MALENTEN-DUS		RÉPANDUS DE TOUS CÔTÉS					

8

AOÛT

6 h 37 21 h 14

St Dominique

■	E	■	C	■	F	■	B
A	S	S	A	I	L	L	E
■	T	E	R	R	A	I	N
C	U	I	R	A	S	S	E
■	A	N	E	■	H	I	T
M	I	E	L	S	■	E	■
■	R	■	E	P	A	R	S
M	E	P	R	I	S	E	S

SOLIDARITÉ

PORTER VERS LE BAS

QUI ONT FAIT LE PLEIN DES VOIX

TONS

DU PAYS DE GANDHI

BOUT DE TEMPS

ARBRES À AGRUMES

DIVISION CHRONOLOGIQUE

FORMATION VÉGÉTALE

CAMARGUAIS

VILLE D'ITALIE

TITRE D'OUTRE-MANCHE

AU CHANT DU COQ

UN PILIER QU'ON A MIS AU COIN

LA GRANDE CÉLINE

LARGEURS D'ÉTOFFES

ON EN COUVRE CELUI QUI EST PAYÉ CHER

COUPELLES POUR DES ESSAIS EN LABORATOIRE

9

AOÛT

6 h 38 — 21 h 12

St Amour

■	E	■	E	■	I	■	O
I	N	C	L	I	N	E	R
■	T	O	U	N	D	R	A
A	R	L	E	S	I	E	N
■	A	O	S	T	E	■	G
S	I	R	■	A	N	T	E
■	D	I	O	N	■	O	R
L	E	S	■	T	E	T	S

ÉTABLIT UN FAIT

EMBOURGEOISER

POURSUIVIT RAPIDEMENT

POINT TRÈS SENSIBLE

EN RAPPORT AVEC L'INDUSTRIE

EUROPÉEN

PARÉE SUR LE PONT

DEVANT CORDOBÉS

MOLLUSQUE

ESPACE LITTORAL

CE PEUT ÊTRE UNE VRAIE PEAU DE VACHE

UN DÉGRADÉ POURTANT HARMONIEUX

COUP AVEC EFFET

MAISON DES BAUX

CELA SERAIT PRÉFÉRABLE

SYMBOLE DU TANTALE

MÉGOTERA

DES ROIS EN SUÈDE OU AU DANEMARK

10
AOÛT
6 h 40 — 21 h 10
St Laurent

■	C	■	C	■	U	■	G
B	O	B	O	I	S	E	R
■	N	A	U	T	I	L	E
E	S	T	R	A	N	■	E
■	T	■	S	L	I	C	E
C	A	M	A	I	E	U	■
■	T	A	■	E	R	I	C
L	E	S	I	N	E	R	A

IL TOURNE ET MET EN BOÎTE

AUTONOMIES

DONNE L'ONCTION

FOYER FAMILIAL

VÉLO DE CAMPAGNE

DÉCHIFFRÉS À NOUVEAU

DÉTRUIRE À FORCE DE CONSOMMER

ÉVENTAIRE

POUPÉE POUR DES GRANDS

GROS RISQUE

COURT ALLER-RETOUR

PAYS

CONTEMPORAIN

PAYS D'ÉTOILES

IL FACILITE LE TRANSPORT DES FRANCILIENS

FILLE DE LA UNE

UN PEU DE CHLORE

GESTE RÉPÉTÉ

RAMASSER DU CHARBON

PAS NÉ DE LA DERNIÈRE PLUIE

11

AOÛT

6 h 41 — 21 h 09

Ste Claire

■	C	■	B	■	V	■	U
L	I	B	E	R	T	E	S
■	N	E	N	E	T	T	E
P	E	R	I	L	■	A	R
■	A	C	T	U	E	L	■
U	S	A	■	S	T	A	R
■	T	I	C	■	A	G	E
P	E	L	L	E	T	E	R

- ELLE FAIT LA COLLECTE
- INFECTION
- CONTENU PARMI
- PRINTEMPS
- ÉPOUSE DE ZEUS
- ENVELOPPE MISE AU LIT
- GRECQUE
- SE SERT D'UN OBJET
- INSÈRE
- INFO SUR LES CHAÎNES
- ASSOCIAIT
- BOUT DE BRAS
- VICTIME D'UN COUP AU CŒUR
- CONSPUAS
- SAINT MANCHOT
- INDIGNE
- CHIFFRES ROMAINS
- MAÎTRE EN PLUS COURT
- IL OUVRE LA PORTE AUX RÊVES
- CRANTÉE
- BELLE DE CONCOURS

12

AOÛT

6 h 42 21 h 07

Ste Clarisse

	Q		I		H		C
P	U	A	N	T	E	U	R
	E	N	C	A	R	T	E
J	T		L	I	A	I	T
	E	M	U	E		L	O
H	U	A	S		V	I	I
	S	I		M	I	S	S
D	E	N	T	E	L	E	E

IL A DE L'OREILLE

GARDES CHASTES

VENT DU MIDI

GROUPES CIVILISÉS

AU GOÛT DÉSA-GRÉABLE

BIEN TRAN-QUILLES

LAC DE LOMBARDIE

DONNER LE COUP D'ENVOI

AUTRE NOM DU PLOMB

DISPOSAI D'UN TOIT

JEU CHINOIS

STYLE DE MARY QUANT

ART DU SPECTACLE

VILLE DES CARIOCAS

CELA EN FAIT, DES LUSTRES !

BASE DE LA PENSÉE

METTRE LE MORS AUX DENTS

HAUTE ÉCOLE

DANS UNE ADRESSE À UN MONARQUE

13
AOÛT
6 h 44 21 h 05
St Hippolyte

	M		A		S		I
E	U	N	U	Q	U	E	S
	S	A	T	U	R	N	E
G	I	T	A	I		G	O
	C	I	N	E	M	A	
R	I	O		T	I	G	E
	E	N	R	E	N	E	R
E	N	S		S	I	R	E

ACTION QUI RALENTIT / CACA-HOUÈTE		DONNER UNE TEINTE JAUNE / INVALIDES		MARQUÉE DE TACHES ARRONDIES / ÉLÉ-VATIONS		MET EN JEU / IL POUSSE L'AIGUILLE	
ÉPROUVER UN VIOLENT DÉPIT / HOMME DE PUITS							
						TRANSPI-RATION ABON-DANTE	
GARDIEN-NES D'ENFANTS / CE N'EST PAS BIEN							PRIS DANS LA REVUE
			SANS APPUI / MOT QUI EXCLUT				
DÉRAN-GEMENT / NE CÈDES PAS					PLUMÉ COMME UN PIGEON		

■	F	■	O	■	T	■	S
A	R	A	C	H	I	D	E
■	E	N	R	A	G	E	R
M	I	N	E	U	R	■	T
■	N	U	R	S	E	S	■
M	A	L	■	S	E	U	L
■	G	E	N	E	■	E	U
R	E	S	I	S	T	E	S

CARICATURER

AMER SOUVENIR

AGRANDI

CELLULE DU TISSU NERVEUX

CONDUISIT

GONFLEMENTS DE LA PEAU

FACILES À EMBOBINER

PRÊTEUR À ÉVITER

DÉNOMBRE LA POPULATION

UN PEU GAUCHE

POINT AÉRÉE

SIGLE DES JEUX

COURS COURT

PRÉNOM DE GARDNER

UNE ALLÉE OÙ IL FAIT BON ALLER

ÉLIMINÉE, RETRANCHÉE

FANTAISIE

POISSONS DE MÉDITERRANÉE

15

AOÛT

6 h 46 – 21 h 02

Assomption • Ste Marie

■	P	■	A	■	M	■	C
R	A	N	C	O	E	U	R
■	R	E	C	E	N	S	E
L	O	U	R	D	A	U	D
■	D	R	U	E	■	R	U
C	I	O	■	M	A	I	L
■	E	N	L	E	V	E	E
G	R	E	■	S	A	R	S

PÈRE DU PÈRE DU PÈRE

COR-RECTION

ARA-CHNÉENS

PASSES VOIR

FILER AVEC DISCRÉTION

GROUPER

DANSE HAÏTIENNE

COUSSIN POUR LE CHEF

DONNER UN CARACTÈRE CHINOIS

PIÈCE D'ARMURE

DEUX À OSTIE

ÇA A UN RÔLE FILTRANT

ÉTERNEL OPPOSANT

CLUB DES GONES

ROCAILLE NATURELLE

EXPRIME L'IRONIE

IL SE NOIE DANS L'OU-BANGUI

IL FINIRA DANS UN LIT PLUS GRAND

CES GENS-LÀ

ACCUEIL HOSTILE

16

AOÛT

6 h 48 21 h 00

St Armel, St Roch

	B		F		P		M
C	I	V	I	L	I	T	E
	S	I	N	I	S	E	R
T	A	S	S	E	T	T	E
	I	I		R	E	I	N
V	E	T	O		R	E	G
	U	E	L	E		R	U
I	L	S		H	U	E	E

MONTRERA DU DOIGT / ÉTUI DE PARAPLUIE		RECOUVERTS D'UN MÉTAL PRÉCIEUX / IMPAIR		FISSURE / REVENU DU CAPITAL		ACCUEILLIE AVEC DES SIFFLETS / COURONNE D'ANGE	
DE LA FAMILLE DES OIES BLANCHES / À LA MODE							
		NE RESTE PAS À LA PORTE / ÂGES GÉOLOGIQUES					
SÉDUITE / COMME LA CAMPAGNE ANGLAISE							COMPAGNIE EN RACCOURCI
					OUI ANCIEN / PLUS PETIT QUE PROFESSEUR		
S'EXPRIME TEL UN CERVIDÉ / CONSOLÉE				IL EST À REPASSER D'URGENCE			

17

AOÛT

6 h 49 — 20 h 58

Ste Jeanne

■	P	■	A	■	F	■	H
F	O	U	R	R	E	A	U
■	I	N	G	E	N	U	E
I	N	■	E	N	T	R	E
■	T	E	N	T	E	E	■
V	E	R	T	E	■	O	C
■	R	E	E	■	P	L	I
R	A	S	S	U	R	E	E

RÉSUMÉ SUCCINCT

CHAPELETS D'IMPORTANCE

ON LUI DEMANDE DE TENIR LE CAP

SOCIÉTÉ

DE HAUTE TAILLE

FERA L'AFFAIRE

COUP D'ÉPÉE EN ARÈNE

FORTIFIÉ

RACONTANT DES HISTOIRES

MILLE CINQ CENTS

MARCHE SUR LE GR

DANDY

ENTRE L'EST ET LE SUD

PAS LOIN DU COMTE

ÉCHELLE PHOTOGRAPHIQUE

FERA SUER

FRANCHIS LE SEUIL

SUPPORT DE DONNÉES INFORMATIQUES

LA TOILE

ELLE EST FINE CHEZ LE BERGER

18

AOÛT

6 h 51 20 h 56

Ste Hélène

■	C	■	B	■	G	■	E
R	O	S	A	I	R	E	S
■	N	A	R	R	A	N	T
M	D	■	R	A	N	D	O
■	E	S	E	■	D	U	C
E	N	N	U	I	E	R	A
■	S	O	R	S	■	C	D
W	E	B	■	O	U	I	E

PARLE DU NEZ BESACES DE CHAS-SEURS		LISSE RAPPORT DE GRAN-DEURS		C'EST PAR ELLES QUE L'ARGENT PASSE SORDIDE		IL DONNA LA PAROLE À DÉMOS-THÈNE UTOPISTE	
PLI DANS LE BRAS LA MORT D'UN ROI							
			IL BLANCHIT DES DENTS...				
FIGURE DE STYLE ORGANISA-TEUR DE JEUX							ON L'UTILISE POUR FAIRE SON TROU
			GROSSIER SYMBOLE DE BON CONDUC-TEUR				
QUI A REÇU UN NOUVEAU CALIBRE		CONTRE LES DÉGÂTS DES EAUX					

19
AOÛT
6 h 52 20 h 54
St Jean Eudes

	N		U		F		I
C	A	R	N	I	E	R	S
	S	A	I	G	N	E	E
M	A	T		N	E	V	E
	L	I	T	O	T	E	
C	I	O		B	R	U	T
	S		A	L	E	S	E
R	E	A	L	E	S	E	E

S'OCCUPE DES RUSHES

GRANDE RIGUEUR

ARBRE À AIGUILLES

GÉMIT

DONC PAS GRAVE

DÉTECTER

FÊTER COMME IL SE DOIT

BONNE TRANCHE

PAYS D'AFRIQUE

DOUZE ROMAIN

TRAITEMENT D'UNE AFFECTION

PETITE QUANTITÉ

EXPLOSIF TRÈS PUISSANT

APPRÉCIATION FLATTEUSE

MÉDECIN SPÉCIALISÉ

BÊTE OU RIVIÈRE

LA CHOSE QUE VOILÀ !

S'EXPRIMER À NOUVEAU

MARQUE DE FATIGUE SOUS L'ŒIL

20
AOÛT

6 h 53 — 20 h 52

St Bernard

	V		P		A		C
R	I	G	I	D	I	T	E
	S	E	N	E	G	A	L
X	I	I		C	U	R	E
	O	N	C	E		T	B
T	N	T		L	O	I	R
	N		C	E	R	N	E
R	E	P	A	R	L	E	R

REMPLACE DE NOUVEAU

PANTHÈRES À TACHES

PEU COMMUNE

ÉLAN DE L'ALASKA

BOÎTES À IDÉES

ACCORD COMMERCIAL

BIEN ÉCLOPÉ

CITÉ DES DIOIS

ÉCLATAIT PAR EXCÈS DE TENSION

CHIPOTER

PAS MAL ADROIT

PRÉNOM D'HÉROÏNE RUSSE

IL SE BOIT CHAUD APRÈS LE SKI

S'IL VOUS PLAÎT

COURT ALLER-RETOUR

SOIRÉE EN TENUE

CAPE SANS ÉPÉE

CHIFFRES ROMAINS

21
AOÛT

6 h 55 20 h 51

St Christophe

■	R	■	S	■	C	■	E
L	E	O	P	A	R	D	S
■	C	R	E	V	A	I	T
C	H	I	C	A	N	E	R
■	A	G	I	L	E	■	O
A	N	N	A	■	S	V	P
■	G	A	L	A	■	I	I
P	E	L	E	R	I	N	E

S'ATTAQUE À L'OUVRAGE

HOMME DE SUCRE

SA POMME NE SE MANGE PAS

FRUIT DU HASARD

BOUFFON ANTIQUE

FERME UN ŒIL

ÉVITE DE TRAHIR UNE IDENTITÉ

BIEN ASSISE

PARTISAN DU NON

BREF SIFFLEMENT

ÉTUDE CHIFFRÉE

SÉLÉNIUM

PÂTURAGE D'ÉTÉ EN HAUTE MONTAGNE

SLAVE

IL EST DÉCIDÉ CHEZ LE VOLONTAIRE

IL NAÎT DANS LE JURA

LETTRE SANS FIN...

LA MOITIÉ DE LA MOITIÉ DE TONTON

EXISTENCE

C'EST RARE SUR UN CAILLOU

22

AOÛT

6 h 56 20 h 49

St Fabrice

	C		P		H		U
B	O	L	I	V	I	E	N
	N	O	N	I	S	T	E
P	S	T		S	T	A	T
	U		S	E	R	B	E
A	L	P	E		I	L	L
	T	A		P	O	I	L
D	E	S	T	I	N	E	E

IL REÇOIT DES TOURISTES / PEAU À POILS		PAS INVENTÉ / PRESSANTE		ASSOCIÉ DU COMPOSITEUR / LA FIN DU VERS		DES CERVICALES OU DES LOMBAIRES / EN PORTÉE	
ENTRER EN POURPARLERS / DIÈTE							
						UN TRAIN LE SUIT TOUJOURS	
ARTICLE DÉFINI / MÉTAL BLANC			ELLE PASSE À CHARTRES / DÉSIGNE L'OBJET				
				SUPPLÉMENT DE CANTINE / PRONOM RÉFLÉCHI			
PÉRIODES CHAUDES / BANDOULIÈRE					TERMINAISON VERBALE		

23

AOÛT

6 h 58 20 h 47

Ste Rose

■	H	■	V	■	A	■	V
F	O	U	R	R	U	R	E
■	T	R	A	I	T	E	R
R	E	G	I	M	E	■	T
■	L	E	■	E	U	R	E
Z	I	N	C	■	R	A	B
■	E	T	E	S	■	I	R
B	R	E	T	E	L	L	E

TRÈS FRUSTRANT

CRÉER UNE ASSOCIATION

HUMA

ENDROIT PLEIN DE BOUTONS

ELLE A DU GRAIN À MOUDRE

TRÈS IRRITÉS

REPTILES SAURIENS

ON LE MET SUR LE *DO*

BATTRE DES PAUPIÈRES

BAISSA PEU À PEU

QUAND ON S'ADRESSAIT AU ROI

CALE QUI DOIT SON NOM À SA FORME

PAS GÊNÉ AUX ENTOURNURES

ASSURER

MILLÉSIME

C'EST UN SEIN

DIPLÔME DE TECHNICIEN

A PROUVÉ SA BONNE HUMEUR

TRANSPIRATION ABONDANTE

24

AOÛT

6 h 59 20 h 45

St Barthélemy

	D		U		S		M
M	E	U	N	I	E	R	E
	C	L	I	G	N	E	R
D	E	C	R	U	T		C
	V	E		A	I	S	E
G	A	R	A	N	T	I	R
	N	E	N	E		R	I
B	T	S		S	U	E	E

COIFFURE DE FAVORITE BATIFOLER		RÉGION ALLEMANDE GARNIES DE BOIS		FAIRE ENTENDRE DES CRA-QUEMENTS TISSÉ		ÇA PIQUE ET ÇA BRÛLE FABRIQUE DE CADRES	
CONTENT PRIS SUR LE FAIT							
IL VAUT LE COUP, AU JUDO SUR LA BOUSSOLE						NE FERA JAMAIS GRAND BIEN	
			LETTRE D'HOMÈRE PRÉCISION MUSICALE				ILS COL-LECTENT DES TUYAUX
ÉLÉMENT DE TERRE ÉPROUVER DU SOU-LAGEMENT				DES LENTIL-LES QUI COÛTÈRENT CHER À UN AÎNÉ			

25
AOÛT
7 h 01 · 20 h 43
St Louis

	F		S		C		O
F	O	L	A	T	R	E	R
	N	A	R	R	E	N	T
A	T	T	R	A	P	A	I
	A	T	E	M	I		E
E	N	E		E	T	A	
	G	E	O		E	R	S
R	E	S	P	I	R	E	R

PARTANT À LA DÉRIVE

BOU-LEVERSER

ELLES MONTENT EN VOLUTES

ENTÉRINER

AIDES

FUMÉ, C'EST DU BACON

ANTIQUE CERCLE DE JEUX

EST-SUD-EST

TRAPU

HOMME CONDAMNÉ À RAMER

ARPIONS

PANSEURS À L'ÉCURIE

NE SENT PAS LA ROSE

TRAVAUX EN COURS

LIGNES EN FIN DE MISSIVE

INTER-JECTION QUI PARFOIS INTERPELLE

ARRIVÉ À TERME

CRISPÉE PAR L'ENJEU

MONTRE QU'ON S'EN MOQUE

26

AOÛT

7 h 02 20 h 41

Ste Natacha

	D		F		A		A
R	E	V	U	L	S	E	R
	R	A	M	A	S	S	E
G	A	L	E	R	I	E	N
	P	I	E	D	S		E
L	A	D	S		T	P	
	N	E		P	E	U	H
S	T	R	E	S	S	E	E

CHEVELURE / SUCRÉ ET DOUX		PRÉNOM MASCULIN / N'EST DONC PLUS ABATTU		ODEURS / À LA MILANAISE		QUI ONT DE LA PRATIQUE / INDIEN DE L'UTAH	
ADMINIS-TRATRICE D'UNE SOCIÉTÉ / CRÉER							
QUI PEUT DONC VOLER / VIN ITALIEN						EST VICTIME D'UN COUP DE CHALEUR	
				QUI EST BON POUR LE REBUT			
RÉGION DE BRETAGNE		PAS ENCORE BLANCHIE					
				MARQUE D'APPAR-TENANCE			

■	T	■	A	■	S	■	E
S	I	R	U	P	E	U	X
■	G	E	R	A	N	T	E
I	N	V	E	N	T	E	R
■	A	I	L	E	E	■	C
A	S	T	I	■	U	S	E
■	S	■	E	C	R	U	E
L	E	O	N	■	S	E	S

ENTRE MANCHE ET ATLANTIQUE / ÉLANCÉS		ILS SONT TAPIS DANS LA MOQUETTE / VŒU PIEUX		BIEN EXPOSÉS / DE NAISSANCE		ROULAS / ÉCOLE SUPÉRIEURE	
PROVENANT / IMMORTALISA							
GARDE DES SOTS / SEABORGIUM						ENDROIT OÙ L'ON VOIT LE JOUR PLUS TÔT	
		BILLET À PRENDRE AU DÉPART		ÉLÉMENT D'UNE CHARRUE / COURS CÔTIER			
JEUNE FILLE TRÈS POPULAIRE / L'ADRET ET L'UBAC					SES PROPRIÉTAIRES PEUVENT ÊTRE DISPERSÉS		

28
AOÛT
7 h 05 20 h 37
St Augustin

	B		A		C		E
G	R	A	C	I	L	E	S
	E	M	A	N	A	N	T
E	T	E	R	N	I	S	A
	A	N	I	E	R		M
S	G		E		S	E	P
	N	A	N	A		S	A
V	E	R	S	A	N	T	S

DE MANIÈRE PEU SOIGNEUSE VIN BLANC		ALLIAGE TREMPÉ RELATIF AU NEZ		PLONGÉ DANS L'HUILE ÉVENTRÉ		CE N'EST PAS DEVANT RÉDIGÉ À NOUVEAU	
IL SE LÈVE TÔT ABANDON-NER SON POSTE							
HOMME D'UNE FEMME AUTRE-MENT BEAU					IL S'OPPOSE À ÇA CARRÉ DE TERRE		
			DÉCORE PRO-FESSEUR				
RETRAN-CHER UNE PARTIE D'UN ENSEMBLE		FINIR TRAGIQUE-MENT					
				TEMPS DE SORTIE POUR LES MAILLOTS			

29

AOÛT

7 h 06 20 h 35

Ste Sabine

■	S	■	A	■	F	■	D
S	A	N	C	E	R	R	E
■	L	A	I	T	I	E	R
D	E	S	E	R	T	E	R
■	M	A	R	I	■	C	I
B	E	L	■	P	A	R	E
■	N	■	P	E	R	I	R
O	T	E	R	■	E	T	E

COUPE AU GROS SÉCATEUR

POLIR, CISELER

LE MOT DU SOULAGEMENT

BIEN REMBOURRÉ

INSIPIDE

PEUT FAIRE UN JOLI MAGOT

DÉPASSÉS

BORDE, ENCADRE

ASSAISONNÉ D'UNE ÉPICE

ENJEU

SANS SURPRISE LORS DU RÈGLEMENT

HOLSTER

ATTRAPÉ À LA NAISSANCE

MARQUE DE PANTALON

AXES OPPOSÉS

AVANT L'AISNE

ABRI DE TOILE

PETIT CENTIMÈTRE

INSECTES FOURMILLANTS

SOUMETTRE À UNE VAGUE DE CHALEUR

30

AOÛT

7 h 08 — 20 h 33

St Fiacre

	C		E		P		P
F	I	G	N	O	L	E	R
	S	A	F	R	A	N	E
P	A	R	I		T	T	C
	I	N	N	E		O	E
P	L	I		T	A	U	D
	L		C	U	I	R	E
V	E	R	M	I	N	E	S

CLOISON CHINOISE ▼ / À LA FORCE REMARQUABLE ►		BUT D'UNE ÉQUIPE ▼ / ELLE FUT PEUPLÉE DE GRECS ▼		ARBRE DE TAILLIS ▼ / BOIS EN INDE ▼		COURSES DE CHEVAUX ▼ / ENGRAIS ▼	
PRÉNOM FÉMININ ► / CLIC-CLAC, C'EST UN CLICHÉ ! ►							
CHIFFRES EN LETTRES ► / ELLE BAIGNE DANS L'EAU ►				VENDEUR SUR LES ROUTES ► / FUT REDEVABLE ▼			
			MARCHÉ NON CONTRÔLÉ ► / AXE SUR CARTE ▼				
BIEN DRAPÉES		MATIÈRE TEXTILE TOUTE MOELLEUSE ►					

31

AOÛT

7 h 09 20 h 31

St Aristide

■	M	■	E	■	B	■	S
P	U	I	S	S	A	N	T
■	R	O	S	A	L	I	E
B	A	N	A	L	I	T	E
■	I	I	I	■	V	R	P
I	L	E	■	D	E	A	L
■	L	■	O	U	A	T	E
R	E	V	E	T	U	E	S

TAILLÉ EN BIAIS

ÉTAT PROCHE DE L'OHIO

FAIT D'HIVER

MARQUÉES EN HAUT DE PAGE

MÉMOIRE DE POCHE

BUGLE À FLEURS JAUNES

PRATIQUES DE CARTELS

PRÉNOM MASCULIN

D'ORDINAIRE

COMME LE FROMAGE

HÉMIONE OU ONAGRE

PASSAGE UN PEU HUMIDE

SACRIFICE DE SOI

CARACTÈRE HOMÉRIQUE

MANGE SUR L'HERBE

QUATRE CENT ROMAINS

IL PASSE À ARLES

CELLES DONT ON PARLE

QUI A FAIT UNE APPARITION

1er SEPTEMBRE

7 h 12 20 h 28

St Gilles

	B		R		A		E
M	I	C	H	I	G	A	N
	S	O	U	V	E	N	T
F	E	R	M	E	N	T	E
	A	N	E		D	O	N
G	U	E		P	A	I	T
	T	E	C	H		N	E
L	E	S	D	I	T	E	S

VIDERA LES ENTRAILLES

AMARRER, ARRIMER

COIFFURES DE FILLETTE

RÈGLE EN ÉQUERRE

VÉHICULE À VOILE SUR LA PLAGE

TROU D'OBUS

DE VRAIES ABRUTIES

DU GENRE FOURMI

DESSINE AUTREMENT

SOLDAT DES USA

JEU DE CARTES

PARÉ À TOUTE ÉVENTUALITÉ

LE CÉRIUM

UNE NÉGATION VRAIMENT NICKEL !

PLUMARD

CONFORMÉMENT

PRASÉODYME SYMBOLISÉ

LETTRES DEVANT UN PRÊTRE

DIVERSITÉS

ELLE SE TRAVAILLE PIED À PIED

2

SEPTEMBRE

7 h 13 20 h 26

Ste Ingrid

■	E	■	N	■	C	■	C
A	T	T	A	C	H	E	R
■	R	E	T	R	A	C	E
G	I	■	T	A	R	O	T
■	P	R	E	T	■	N	I
C	E	■	S	E	L	O	N
■	R	P	■	R	I	M	E
V	A	R	I	E	T	E	S

ENSEMBLE DE CLOCHES

ENCORNETS

RATISSAGE

BACS À LINGE

FLEUVE DU SUD-EST

ARRIVÉ À MATURITÉ

ÉPUISER

LIEU MAL FAMÉ

RAYÉE

EN GÉNÉRAL IL REFROIDIT

PRASÉODYME SYMBOLISÉ

TANTALE AU LABO

JEUNE FILLE

FLÉCHIT SOUS LE POIDS

QUI NE MONTE PAS BIEN HAUT

LE PRENDRE, C'EST SORTIR

L'ERBIUM

CÉRÉALE UTILISÉE EN BRASSERIE

BIEN ENTOURÉS

IL CARESSAIT AVEC CHALEUR LES ÉGYPTIENNES

3

SEPTEMBRE

7 h 14 20 h 24

St Grégoire

	C		R		V		U
C	A	L	A	M	A	R	S
	R	A	T	U	R	E	E
H	I	V	E	R		P	R
	L	O	L	I	T	A	
P	L	I	A		A	I	R
	O	R	G	E		R	A
E	N	S	E	R	R	E	S

ADEPTE DU LAISSER PARAÎTRE / EXQUIS		HOMME DE L'ART / CRUES		ANNULÉ OFFICIELLEMENT / PRÉVINS DU DANGER		AURA DE L'AVENIR / PETIT MAQUEREAU	
LE SECRET Y EST GARANTI / AMÉRINDIEN							
			L'AMOUR D'ARAGON / RIVIÈRE À GORGES				
S'INDIGNE AVEC FORCE (SE) / PIGEON							C'EST UNE RÉFÉRENCE, AU GOLF
					ILS SUIVENT LA THÉORIE / SEABORGIUM		
SUPPRIMER UNE COUCHE DE BLANC		IL SE COIFFE DE DREADLOCKS					

	E		P		A		S
A	D	O	R	A	B	L	E
	I	S	O	L	O	I	R
U	T	E		E	L	S	A
	R	E	C	R	I	E	
B	I	S	E	T		T	P
	C		R	A	S	T	A
D	E	N	E	I	G	E	R

HOMME QUI A DU DESCENDANT

ACARIÂTRES

UN TYPE POPULAIRE

DEVANTURE

VINS ITALIENS

RIVAGE

TOUTE RÂPÉE

ESCOMPTÉE

AZURÉENNE

EST COUCHÉ

PETIT COUP

ONZE LYONNAIS

PLANTE DANS LA HAIE

GLOBE EN ORBITE

ELLE EST FLOTTANTE AU DESSERT

OPÉRATION POSTALE

APRÈS CELLE

TÊTE DE LISTE INFINIE

BIEN SPÉCIFIÉE

IL EST BLEU PAR BEAU TEMPS

5

SEPTEMBRE

7 h 17 20 h 20

Ste Raïssa

	G		M		C		U
R	E	V	E	C	H	E	S
	N	I	C	O	I	S	E
G	I	T		T	A	P	E
	T	R	O	E	N	E	
O	E	I	L		T	R	I
	U	N		C	I	E	L
P	R	E	C	I	S	E	E

ASSOUPLIR

VASQUE D'EAU

ENGAGÉE PAR LE JOUEUR

DÉBRAILLÉ

PASSE À TABLE

GRAND TOURMENT

LIGNE DU NEZ

ENVAHI DE CIRRUS

RENVOIE LE SON

ÉVOLUÈRENT EN MER

HAMEAU CRÉOLE

EMPLOI DURABLE

UNION POLITIQUE, ÉCONOMIQUE ET MONÉTAIRE

FIT PERDRE DE SES QUALITÉS PREMIÈRES

UNTEL

ARGON POUR LE CHIMISTE

PRÉNOM RUSSE

FAIRE DES CRANS

SYMBOLE DU GALLIUM

6

SEPTEMBRE

7 h 19 20 h 18

St Bertrand

■	D	■	M	■	D	■	A
B	E	N	I	T	I	E	R
■	R	E	S	O	N	N	E
N	A	G	E	R	E	N	T
■	I	L	E	T	■	U	E
C	D	I	■	U	S	A	■
■	I	G	O	R	■	G	A
C	R	E	N	E	L	E	R

LE VENTRE VIDE

ÊTRE SUJET À CAUTION

IL SE JETTE DANS LA RADE DE BREST

ÊTRE FIER

METTRE EN BOÎTE

NE JAMAIS ÊTRE À SEC

À PEINE ENTAILLÉES

SUR UNE ROSE

RAILLA

MACHINE VOLANTE

ELLE TIENT DANS LA MAIN

FILLE AU BAL

PARTIE D'UNE CONFÉDÉRATION

FOURNIE

CÉRIUM

DE PREMIÈRE CLASSE

ENGENDRAIS

UNE ÎLE OÙ L'ON SE REND EN VOITURE

	E		E		U		E
A	V	A	L	I	S	E	R
	I	R	O	N	I	S	A
A	S	T	R	O	N	E	F
	C	A	N	N	E		L
D	E	B		D	R	U	E
	R	A	C	E		R	E
G	E	N	E	R	A	I	S

PRO-TECTRICE PLANTE À RÉGIMES		BRU-TALISER ELLE SE MET EN BOULE		ARRIVA DE PETITE TAILLE		LA CHOU-CHOUTE ÉLAGAGE PAR LE SOMMET	
MISE UN PEU PLUS TRÈS TRÈS ANCIEN							
VILLE DU PRUNEAU PARFAIT !					PRONOM RÉFLÉCHI SOURCE DE LAIT		
				AU MOYEN DE A BIEN PRIS LA CHOSE			
QUI NE BOUCLE DONC PLUS		CONSTRUIT À LA GLOIRE					

8

SEPTEMBRE

7 h 21 · 20 h 14

St Adrien

	M		M		V		P
B	A	N	A	N	I	E	R
	R	E	L	A	N	C	E
P	R	I	M	I	T	I	F
	A	G	E	N		M	E
B	I	E	N		P	A	R
	N		E	R	I	G	E
D	E	F	R	I	S	E	E

COUVRE DE CAILLASSE / FIGURES SYMBOLIQUES		MONTE EN CHŒUR LORS DE LA PASSE / RAYONNER		CREUSER LES JOUES / FRANCHIT LE SEUIL		PÉTILLANT ITALIEN / INENTAMÉE	
ATTRAPANT / ENTRE X ET XX							
			IL A UN CÔTÉ GAVROCHE				
DEVENU MOINS SERRÉ / MÉDECIN SPÉCIALISÉ							POUR MONTRER QUELQUES CHOSES
			NOIX À AMANDE / DEVANT *PATRES*				
BRAMA / VÉGÉTATIONS				ELLE FAISAIT BOUILLONNER NOS AÏEUX			

9

SEPTEMBRE

7 h 23 20 h 12

St Alain

■	E	■	O	■	A	■	A
E	M	B	L	E	M	E	S
■	P	R	E	N	A	N	T
X	I	I	■	T	I	T	I
■	E	L	A	R	G	I	■
O	R	L	■	A	R	E	C
■	R	E	A	■	I	R	E
V	E	R	D	U	R	E	S

TRÈS ATTACHÉ À L'UNIFORME LENT		EN FIN DE COMPTE SOUMETTRE À LA TENTATION		ON L'A DANS LE NEZ FRÉTER UN NAVIRE		RÉAGIR À UN PICOTEMENT A QUITTÉ SA MÈRE	
ABATTUE BON SOUTIEN POUR LA CULTURE							
IL S'AJOUTE AU MOÛT S'EN PAIE UNE TRANCHE						ACCUSÉ DE MAUVAISE RÉCEPTION	
			IL ALLAIT AU CHARBON POUR LE POÊLE				
BRIDÉ AUX ENTOURNURES TRANSPORT À PARIS					RACCOURCI AVANT L'EXPLICATION		
			CRIER SOUS LES CORS				

	P		B		N		E
T	R	A	I	N	A	N	T
	E	P	L	O	R	E	E
E	S	P	A	L	I	E	R
	T	A	N	I	N		N
R	I	T		S	E	A	U
	G	E	N	E		I	E
R	E	R		R	E	E	R

IL PEUT PASSER UN ÉTÉ À TANGER / NU-PIEDS		IDOLÂTRÉ / THÉÂTRE JAPONAIS		COPIES / ALARMAS		PLANCHERS SURÉLEVÉS / ENTRE L'EST ET LE NORD	
AGENT DE CONDUITE / ASSOMMÉ SUR LE RING							
		FACILE À PORTER / INTERJECTION					
BIEN-AIMÉ / TEL UN COL DROIT						SE PREND POUR UN PORTEUR DE BOIS	
			LONGTEMPS APRÈS / PASCAL				
AMASSÉS À L'ENTREPÔT		PRÉPARATION POUR LE CHIEN					

11

SEPTEMBRE

7 h 26 · 20 h 07

St Adelphe

	M		A		P		E
S	A	N	D	A	L	E	S
	R	O	U	L	A	N	T
K	O		L	E	G	E	R
	C	H	E	R	I		A
M	A	O		T	A	R	D
	I		P	A	T	E	E
E	N	T	A	S	S	E	S

COMME L'ÉCOLE PUBLIQUE

PETITS SUPPORTS

CENTRE DE BEAUTÉ

QUITTER LES PROFONDEURS

PLAN ASTRAL

FERAI UN BOUT DE CHEMIN

RISQUÉE

VIDÉE DE SES HABITANTS

ATTACHÉE AU QUAI

ÉLUE ABRÉGÉE

QUI A L'ARGENT FACILE

LUTTE NIPPONE

MEMBRE DE LA FAMILLE GRIZZLI

STRIDENT

MARQUE UNE APPARTENANCE

IMAGERIE PAR RÉSONANCE MAGNÉTIQUE

RAGE DE VENTS

IL NE VAUT RIEN

VENUS APRÈS NEUF MOIS

12

SEPTEMBRE

7 h 27 20 h 05

St Apollinaire

■	G	■	S	■	M	■	O
T	R	E	P	I	E	D	S
■	A	M	A	R	R	E	E
S	T	E	■	A	I	S	E
■	U	R	S	I	D	E	■
A	I	G	U	■	I	R	M
■	T	E	M	P	E	T	E
Z	E	R	O	■	N	E	S

BARRAGE PORTUAIRE

PROCHE DES COUVERTS

PIOCHÉS POUR AÉRER

ARBRE EN INDE

DÉCOURONNEMENTS

CAUSE DE MORTALITÉ

FERAS LE TOUR DE LA PROPRIÉTÉ

IL VIENT APRÈS

IL TRAVAILLE LA PEAU

L'ART DE BIEN FAIRE

MANIFESTATION DE L'OPINION

EXQUIS

RÉFÉRENCE POUR DES ÉNERGIES

TEST POUR UN PSYCHIATRE

PRÉNOM DE STRAVINSKI

SOCIÉTÉ PAR ACTIONS

ILS ONT DES POINTS POUR EN MARQUER

OBSOLÈTES

IL FAIT UN SIGNE AUX GRECS

13

SEPTEMBRE

7h29 20h03

St Aimé

	E		B		E		C
A	S	S	I	E	T	T	E
	T	A	N	N	E	U	R
T	A	L	E	N	T		N
	C		S	U	A	V	E
T	A	T		I	G	O	R
	D	E	S		E	T	A
D	E	P	A	S	S	E	S

MAL DE TÊTE

ALCOOLS DE FRUITS

PARTIE OCCIDENTALE D'UN PAYS

PRENDRE CONGÉ

FUT FORCÉ

EXISTAIT

TENTÉE

DÉTENIR UN BUTIN

SURVEILLÉE

DONNA DE BELLES COULEURS

DÉTERMINANT DÉMONSTRATIF

PRUDENT

JOUE DU TISONNIER

ÉMET

ON LA DONNE À LA FIN DE L'ÉNIGME

POUDRE POUR LES BÉBÉS

RACCOURCI À LA COUR

VENUS APRÈS NEUF MOIS

ÉLEVÉE EN PLEIN AIR

TRANSFORMATION DE L'EAU EN GLACE

14

SEPTEMBRE

7 h 30 20 h 01

Croix glorieuse

■	M	■	O	■	D	■	O
L	I	Q	U	E	U	R	S
■	G	U	E	T	T	E	E
I	R	I	S	A	■	C	E
■	A	T	T	I	S	E	■
D	I	T	■	T	A	L	C
■	N	E	S	■	G	E	L
F	E	R	M	I	E	R	E

CÉSAR

PRATIQUER UN ASSEMBLAGE

DEVIENT MAUVAIS À CONSOMMER

FANGEUSE

SPÉCIFIÉE

SUJET MASCULIN

PIÈCES DE TOIT

NORMALE SUP

MET BAS

PAS POUR MOI

POUR APPELER AVEC DISCRÉTION

RESTITUTION FIDÈLE DE LA RÉALITÉ

DÉFUNTE

TINT EN SA POSSESSION

ENNEMI DE GRANT

NOTE QUI COMPLÈTE DES ÉCRITS

VIEILLES COUTUMES

COUPELLES DE VERRIER

ÇA PEUT MENER À LA PANIQUE

15

SEPTEMBRE

7 h 31 19 h 59

St Roland

■	E	■	T	■	S	■	A
E	M	B	O	I	T	E	R
■	P	O	U	L	I	N	E
L	E	U	R	■	P	S	T
■	R	E	N	D	U	■	I
F	E	U	E	■	L	E	E
■	U	S	■	P	E	U	R
C	R	E	U	S	E	T	S

PHILOSOPHE DE LA PREMIÈRE HEURE

DÉLATEURS

PLUTÔT ÂCRE

MOUILLAIS LA FLOTTE

OURDIS

PASSE-TEMPS FAVORI

FLEUVE FRONTALIER

COUPER DU VIN

DAME SANS MERCI

SE BATTRE (S')

CASSE-TÊTE CHIRURGICAL

HOMME EN CAGE

TABLETTE AUTREFOIS UTILISÉE EN IMPRIMERIE

MONTAGNE D'ASIE MINEURE

MOT DE MÔME

PAS À MOI

CHARGEMENTS DE SABLE

PARTICIPE DANS L'ALLÉGRESSE

16

SEPTEMBRE

7 h 33 19 h 57

Ste Édith

	A		A		T		Y
T	R	A	I	T	R	E	S
	I	N	G	R	A	T	E
E	S	C	R	I	M	E	R
	T	R	E	P	A	N	
G	O	A	L		I	D	A
	T	I	E	N		R	I
L	E	S	T	A	G	E	S

BONNE PROPOR-TION CHAÎNE DU MIDI		ANNONCE DE MALHEURS ENDROITS CACHÉS		ANCIENS COMBAT-TANTS MARQUA		FAIRE PREUVE DE COURAGE ANALYSÉE AVEC SOIN	
MIMINE OUTIL DE JARDINIER							
GROS OUTSIDER HAUSSE LE TON							ILS SER-PENTENT À TRAVERS LA CAMPAGNE
				PEUT SE PRENDRE PAR BOL LIGNES EN PLUS			
DANS L'AIR DU TEMPS PRIVÉS DE SQUELETTE			IL EST À CHANGER S'IL EST CREVÉ				

17

SEPTEMBRE

7h34 19h55

St Renaud

■	S	■	M	■	V	■	O
P	Y	R	E	N	E	E	S
■	M	E	N	O	T	T	E
S	E	C	A	T	E	U	R
■	T	O	C	A	R	D	■
C	R	I	E	■	A	I	R
■	I	N	■	P	N	E	U
D	E	S	O	S	S	E	S

VERMINE

À FORTE CARRURE

SAUT ARTISTIQUE

ARRIVÉES

GROS PÉPINS

LA PATIENCE EN EST UNE

QUOI ?

NE GARDER QUE LES GRAINES

DÉMONS-TRATIF

IL A DEUX JAMBES

VEDETTES

IL EST EMBALLANT POUR LA CUISINIÈRE

CELLE QUI S'AFFICHE AU KIOSQUE

QUI PROVIENT DE

SE LÂCHE POUR MONTER

ON PEUT LES PIPER

AVANT LA MANIÈRE OU LA MATIÈRE

TRAÎNE COMME UNE ÂME EN PEINE

18

SEPTEMBRE

7 h 36 19 h 53

Ste Nadège

■	R	■	S	■	T	■	H
B	A	R	A	Q	U	E	E
■	C	E	L	U	I	C	I
P	A	N	T	A	L	O	N
■	I	D	O	L	E	S	■
A	L	U	■	I	S	S	U
■	L	E	S	T	■	E	N
D	E	S	■	E	R	R	E

TRÈS INTIMIDÉ

GAGNÉE OU TOUCHÉE

DISPOSITION JURIDIQUE

ELLE A SES FEUX

ÉCHARPE ESPAGNOLE

CLAIR

PRENDRAS LA ROUTE

IL SE PARCOURT À PÉKIN

ÉVACUATION DES LIEUX

GAUFRE DE CIRE

NE PIQUE PAS PLUS DE POINTE QUE L'AÏ

ANCIENNE CAPITALE DES GAULES

RÉSULTAT D'UNE AFFAIRE

ELLE RÉGIT LE TRAVAIL

ON Y PRÉPARE L'AGRÉGATION

PRONOM

CADRE SUPÉRIEUR

ASSEZ LÂCHE

IL EST DIFFICILE DE LUI TROUVER UNE VESTE

19

SEPTEMBRE

7 h 37 19 h 50

Ste Émilie

■	P	■	A	■	C	■	D
M	A	N	T	I	L	L	E
■	R	E	T	R	A	I	T
G	A	T	E	A	U	■	R
■	L	■	I	S	S	U	E
L	Y	O	N	■	E	N	S
■	S	I	T	E	■	A	S
D	E	T	E	N	D	U	E

LE VÉHICULE DU PÈRE NOËL

DES SINGES

OUBLIÉ

PETITE BESTIOLE

DANS UN TRIPLEX

ACCUMULE DES TAS DE CHOSES

SUR LA ROSE DES VENTS

MEUBLE DE CUISINE

COMME UNE BÊTE

DÉFRISAGE

CONTINENT TRÈS PEUPLÉ

SORTI DU VENTRE

DISTANÇA

ÉCHASSIERS AU LONG BEC

DOMAINE DE LA CRÉATION

LA CANICULE LE LAISSE FROID

NÉGATION QUI VA PAR DEUX

FACTION

EFFECTUE UN PRÉLÈVEMENT

20

SEPTEMBRE

7 h 38 19 h 48

St Jean-Charles

	T		O		E		E
P	R	I	M	A	T	E	S
	A	N	I	M	A	L	E
L	I	S	S	A	G	E	
	N	E		S	E	M	A
B	E	C	A	S	S	E	S
	A	T	R	E		N	I
G	U	E	T		O	T	E

CAUSER DE LA DÉCONVENUE / APATHIQUE		ÉGOCENTRIQUES / ÉIRE OU ÉRIN		CORSÉ AU CHAI / LA GRANDE BRINGUE		AFFICHER UN NOUVEAU COSTUME / LET !	
CHANTEUR / CONGRATULÉ							
BOUES / ONT UNE RÉALITÉ						ASSEMBLÉE PLEINE DE RÉSOLUTIONS	
				ANCIEN CHEVALIER (D') / INITIALES PAPALES			
JOURS ROMAINS / IL FAIT DES PANIERS					PREMIER OU DERNIER, IL EST BIEN ARRIVÉ		

21

SEPTEMBRE

7 h 40 19 h 46

St Matthieu

■	D	■	E	■	T	■	E
F	E	I	G	N	A	N	T
■	C	R	O	O	N	E	R
F	E	L	I	C	I	T	E
■	V	A	S	E	S	■	N
S	O	N	T	■	E	O	N
■	I	D	E	S	■	N	E
T	R	E	S	S	E	U	R

BERCÉE

SOUMIT AU SUPPLICE

DIRIGE L'ÉNERGIE

BANAL

DU PAYS DU KABUKI

INTOUCHABLE, EN PRINCIPE

S'AGITA EN PLEIN COURS

BOUDER QUELQU'UN

TRESSE DE FLEURS

SABRE À LAME RECOURBÉE

QUI N'EST PAS ACQUIS PAR L'EXPÉRIENCE

QUI A QUITTÉ SA MÈRE

CONSEILLER ET ORFÈVRE

DEUX CENTS À ROME

MUET

MONTICULE CELTIQUE

POIDS

EN BREF, ÇA S'ÉTUDIE...

MAIGRE RESSOURCE À TOKYO

FAIT LA LOI

22
SEPTEMBRE

7 h 41 19 h 44

Automne • St Maurice

■	B	■	R	■	C	■	U
J	A	P	O	N	A	I	S
■	L	O	U	A	N	G	E
Y	A	T	A	G	A	N	■
■	N	E	■	E	L	O	I
C	C	■	C	A	I	R	N
■	E	C	O	■	S	E	N
L	E	G	I	F	E	R	E

ENRICHIR D'ORNEMENTS

OS PLAT DU DOS

ASTICOT AU BOUT DE LA LIGNE

QUI A DE GROS OS

AGRÉABLEMENT EFFLEURÉS

TEXTILE

TOLÉRÉES

PRONOM PERSONNEL RÉFLÉCHI

PRENDRE L'AIR

HABITANTE DE PISE

RÉMUNÉRATION DE JOURNALISTE

DÉCHIFFRA

UN POINT SUR LA CARTE

VOILE QUI DONNE DE LA VITESSE

TROIS À POMPÉI

DÉESSE ÉGYPTIENNE

IL ARROSE TURIN

PIERRES D'UN GRIS BLEUÂTRE

QUAND ON Y TOMBE ON EST COINCÉ

	E		A		C		P
O	M	O	P	L	A	T	E
	A	S	P	I	R	E	R
P	I	S	A	N	E		M
	L	U	T		S	P	I
I	L	E		I	S	I	S
	E		P	I	E	G	E
A	R	D	O	I	S	E	S

BITUME / ARTISAN DE LA MORT		VÉHICULE ROYAL / TYPE DE FIRME		MET DANS UNE POSITION REPOSANTE / REBOND		CHANGÉE EN VILAINE / PARTICULE CHARGÉE	
IL NOUS FAIT DE L'OMBRE / ÇA FAIT APPEL							
		DÉTRUISIT / ESPACE INTER-STELLAIRE					
PROBLÈME ACCES-SOIRE / FRONCES DE JUPE						SE DONNE SOUVENT À LA MATERNITÉ	
				DISQUE MODERNE / APPRÉ-CIATION FLATTEUSE			
PHASE EXPÉRIMEN-TALE / FÊTÉE					CHIFFRES ROMAINS		

24

SEPTEMBRE

7 h 44 19 h 40

St Anatole

	A		C		A		E
A	S	S	A	S	S	I	N
	P	A	R	A	S	O	L
E	H		R	U	I	N	A
	A	C	O	T	E		I
P	L	I	S		D	V	D
	T	E	S	T		I	I
C	E	L	E	B	R	E	E

POUSSANT LE FEU

CORPS CONTRE CORPS

FRANCHIR LE PAS

DÉTERMINÉ SELON LA LOI

ON LES ENGAGE SUR LE CHAMP

SORTI DE

BIEN DISSIMULÉ

PERSONNEL

CLIMAT ÉLECTRIQUE

COUP DE RINCETTE

PLACÉ

ACCORD RUSSE

IL FAIT PARTIE DES FORTES TÊTES

RACCOURCI AVANT L'EXPLICATION

DORADE PROVENÇALE

L'ÉTAIN SYMBOLISÉ

DONNES TON NON

RELATIVE À UNE CÔTE

DANS UN SENS NÉGATIF

25
SEPTEMBRE
7 h 46 19 h 38
St Hermann

■	A	■	P	■	U	■	R
E	T	R	E	I	N	T	E
■	T	E	N	S	I	O	N
D	I	G	E	S	T	I	F
■	S	I	T	U	E	■	E
D	A	■	R	■	S	A	R
■	N	I	E	S	■	I	M
S	T	E	R	N	A	L	E

PINCE À CHEVEUX / DURÉE DU TICKET		MENTIONNAI / ARTICLE COURANT		NETTOYÉE À L'EAU / DÉTECTÉE		CARBURANT D'AVION / IL INQUIÈTE LE GARDIEN	
NE PAS LAISSER FILER / MATIÈRE DE BIJOU							
		DÉPENDANT / UN ÉTAT					
ESPIONNÉE / FIT PARTIR						HOMME QUI N'EN EST PAS MOINS BÊTE	
			FRUSTRÉ / POSTE DES CHEFS				
INDIVIDU / CHUTE					TOUT LE MONDE ET PERSONNE À LA FOIS		

26

SEPTEMBRE

7 h 47 — 19 h 35

St Côme, St Damien

	B		C		R		K
V	A	L	I	D	I	T	E
	R	E	T	E	N	I	R
O	R		A	C	C	R	O
	E	P	I	E	E		S
O	T	A		L	E	S	E
	T	Y	P	E		O	N
D	E	S	C	E	N	T	E

IL DOMPTE LES EMPLUMÉS / PRÉNOM FÉMININ		ATTAQUÉ DANS LA RUE / EST DE RETOUR		ON Y CONSERVE DE VIEUX FILMS / BIEN PARTI		CLOUÉ SUR PLACE / IGNORÉ	
ANCIEN DOMESTIQUE / GONFLER EN CUISINE							
					TOTAL DES VENTES / PETIT RUISSEAU		
PLANTE PARASITE / SORTIES D'UNE MÈRE							
				SANS ASPÉRITÉS / PRONOM			
ELLES VONT RAREMENT SANS LES AUTRES / HABILETÉ					DE LILLE À MARSEILLE		
			LA PRÉFÉRÉE DU SOUPIRANT				

27

SEPTEMBRE

7 h 48 19 h 33

St Vincent de Paul

■	O	■	A	■	I	■	T
V	I	R	G	I	N	I	E
■	S	E	R	V	A	N	T
L	E	V	E	R	■	C	A
■	L	I	S	E	R	O	N
N	E	E	S	■	U	N	I
■	U	N	E	S	■	N	S
A	R	T	■	E	L	U	E

PROMENADE EN BARQUE / LAMPE		OUVERTURES DÉCORATIVES / IL VAUT UN NAPOLÉON		L'AMI DE RIMBAUD / BÂTONNET À CROQUER		PLANÈTE NAINE / BLEU OU BLANC, IL FINIT OCRE	
DONNER LA PÂTÉE / OUVRAGE CIRCULAIRE							
ENTRELAÇA / MIS EN PLACE DE GRÈVE						IL PERMIT AUX JEUNES FILLES DE S'INSTRUIRE	
			SITUÉ À L'ÉTUDE / IL NE FONCE JAMAIS				COUVERTURE À LA FRANÇAISE
DESCENDUES EN FLÈCHE		GARÇONS EN FIN DE DROIT					

28
SEPTEMBRE

7 h 50 19 h 31

St Venceslas

■	C	■	J	■	V	■	C
H	A	L	O	G	E	N	E
■	N	O	U	R	R	I	R
T	O	U	R	E	L	L	E
■	T	I	S	S	A	■	S
T	A	S	■	S	I	S	■
■	G	■	A	I	N	E	S
D	E	B	I	N	E	E	S

PORTÉE AUX NUES

HANGAR DE MARCHANDISES

TISSUS POUR DORMIR

PERÇA

OISEAU CHASSEUR

SUR LA BOUSSOLE

TRÈS CÉLÈBRE

ELLE EST À L'ÉCOUTE

FERA LE BRAVE

RAMENER AU BLOC

PRÊTS À PASSER SOUS LA DOUCHE

VASTE PAYS

SEPT À ROME

IL EST LONG CHEZ LA GIRAFE

ILS BATTENT À VUE...

PARTI À LA ROSE

COUPÉE AVANT DIFFUSION

ELLE EST PERCÉE POUR CUIRE LES MARRONS

29

SEPTEMBRE

7 h 51 19 h 29

St Michel, St Gabriel

	E		D		E		S
E	N	T	R	E	P	O	T
	C	R	A	N	E	R	A
R	E	O	P	E	R	E	R
	N	U	S		V	I	I
U	S	A		C	I	L	S
	E		P	O	E	L	E
C	E	N	S	U	R	E	E

FOUILLE LA TERRE

EN DÉCLIN

AGIR AVEC PRÉMÉDITATION

BLEU, VERT OU ROUGE

ROULER

MARCHÉ À PASSER

CUBERAS DU BOIS

NE TOMBE PAS D'ACCORD

CARROSSERIE

SÉCHER LA VIANDE AUX ANTILLES

S'EXPRIME COMME UN DUC

LE GRAND JACQUES

DIRECTION SUR LA BOUSSOLE

TRANSPORT DE FRANCILIENS

BIEN ATTRAPÉ

GROS NUAGE

ELLES S'OUVRENT AVEC UNE CLÉ

C'EST PUÉRIL DE DIRE CELA

30

SEPTEMBRE

7 h 53 19 h 27

St Jérôme

	R		C		B		S
D	E	C	A	D	E	N	T
	T	O	L	E	R	I	E
B	O	U	C	A	N	E	R
	U	L	U	L	E		E
B	R	E	L		R	E	R
	N	U	E	E		N	A
S	E	R	R	U	R	E	S

COMPLÈTEMENT PÉRIMÉ / ÉTANCHER LA SOIF		DIVISIONS D'EURO / ARTISAN DU LIVRE		CLAIRE AUX YEUX DE TOUS / C'ÉTAIT LE *DO*		TÉHÉRAN EST SA CAPITALE / L'USURE DU TEMPS	
FLAIRERA QUELQUE CHOSE / ARME À FEU							
				IL EST INNÉ / DONC BIEN LU			
SANS RELIEF / FEMME DE MAGIE							PLAT APPRÉCIÉ EN BOUCHÉE
			FAIRE LA SOUDURE / ARGON POUR LE CHIMISTE				
ASSASSINA / FERMIERS PLUTÔT QUE MARINS				ÇA S'ADRESSE À UN FAMILIER			

1er
OCTOBRE
7 h 54 19 h 25
Ste Thérèse de l'Enfant Jésus

	O		C		E		I
A	B	R	E	U	V	E	R
	S	E	N	T	I	R	A
C	O	L	T		D	O	N
	L	I	S	S	E	S	
F	E	E		U	N	I	R
	T	U	A		T	O	I
T	E	R	R	I	E	N	S

COMME UNE VOIX CASSÉE / CONTAMINER		GROUPE DE FEMMES / CONCURRENT DIRECT		DÉCAMPA VENTRE À TERRE / SORTIR DE SA COLÈRE		DOTÉE DE CRANS / COMPLÈTEMENT HORS JEU	
MYRTILLE / QUI VIT AU BORD DE L'EAU							
UN COUSIN DU CHAMEAU / IL PASSE À MULHOUSE					PERSONNEL / RELEVÉ DE COMPTE		
			LES CÔTELETTES Y CUISENT / DONC SOUS-TITRÉ				
EFFACÉE PEU À PEU		FILON QUI PEUT MENER À LA MINE					

2
OCTOBRE
7 h 56 19 h 23
St Léger

■	E	■	H	■	F	■	C
I	R	R	A	D	I	E	R
■	A	I	R	E	L	L	E
R	I	V	E	R	A	I	N
■	L	A	M	A	■	M	E
I	L	L	■	G	R	I	L
■	E	■	V	E	I	N	E
R	E	S	O	R	B	E	E

PRODUIT DE CHAÎNE

RÉHABILITÉ

ARRÊT DEMANDÉ !

RAGAILLARDI

IL A EU SES POÈTES

OXYDE D'URANIUM

CARNASSIER DES MERS CHAUDES

PRÉCIS

TROMPER SON MONDE

AIR DE VIRTUOSE

TRAVAIL À LA MULETA

TIENS PAROLES

ON N'EN MANQUE PAS AVEC DU CULOT

ELLE S'OCCUPE *D'ARIANE*

ATTRIBUÉ À

IL VAUT CELA, MAIS GUÈRE PLUS

SUBSTANCE HALLUCINOGÈNE

ALERTERA

CERTIFICAT D'AUTHENTICITÉ

3
OCTOBRE

7 h 57 19 h 21

St Gérard

■	T	■	P	■	P	■	M
D	E	D	O	U	A	N	E
■	L	E	U	R	R	E	R
B	E	L	C	A	N	T	O
■	F	A	E	N	A	■	U
D	I	S	■	E	S	A	■
■	L	S	D	■	S	I	C
A	M	E	U	T	E	R	A

NAVAL

EN ÉQUILIBRE PRÉCAIRE

COUPER LE SOUFFLE OU LE PIN

CHIFFRES

ELLE SOULÈVE LA FOULE

BÊTE DE SOMME

BIEN BRIQUÉE

ENGAGER DES SOLDATS

LESSIVANT

IMITÉE AVEC DES GESTES

A MONTRÉ SA BONNE HUMEUR

DÉSIGNE UNE CHOSE

INDIQUE UNE NOUVELLE RÉPÉTITION

SHOOT

IL PASSE POUR ÊTRE FIER

NOTE OU ÎLE

REVU ET CORRIGÉ

ÇA PROTÈGE LA COUTURIÈRE

FAÇONNÉE

FAIT DES MÉCONTENTS

PETITE SURFACE DE TERRAIN

4

OCTOBRE

7 h 59 19 h 19

St François d'Assise

■	M	■	S	■	O	■	A
B	A	N	C	A	L	E	S
■	R	U	I	N	A	N	T
M	I	M	E	E	■	R	I
■	T	E	R	■	C	O	Q
T	I	R	■	R	E	L	U
■	M	O	D	E	L	E	E
L	E	S	E	■	A	R	E

EFFACÉE
DE FAÇON TRÈS MÉPRISABLE
SPAS-MOPHILIES
ACCORD DU CHEF
ÉTAIS EN TÊTE
PRÉNOM OU ALCOOL
NAVIRES À VAPEUR
BIENVENUS PARMI NOUS
DAMNÉE
PIPI-ROOM
MIT AU BON NIVEAU
TERME D'APPRO-BATION
TEL UN BEURRE BON À JETER
À DEMI
ON LE RETOURNE À LA CAMPAGNE
SUD-SUD-EST
QUI A ÉTÉ RETENU
ARTICLES DE GOLF
MAGA-ZINES, REVUES
RÊVE DE SPORTIF OU DE CHER-CHEUR

5
OCTOBRE
8 h 00 19 h 17
Fête des grands-pères
Ste Fleur

■	D	■	T	■	M	■	S
V	I	L	E	M	E	N	T
■	S	A	T	A	N	E	E
W	C	■	A	R	A	S	A
■	R	A	N	C	I	■	M
S	E	M	I	■	S	S	E
■	T	E	E	S	■	O	R
M	E	N	S	U	E	L	S

MAI-JUIN SOUS DANTON

BALLET DE MANÈGE

ÉLÈVES DANS LA MARINE

ABATTUS

APPAREIL SERVANT À VANNER

LISSE ET BRILLANT

PAYS BALTE

DIALECTE CHINOIS

FASTE DE CÉRÉMONIE

HOMME EN CELLULE

ÊTRE EN PROIE À L'ÉMOTION

STATION HS

VILLE DE FOUILLES EN CHALDÉE

GUIDE POUR NOC-TAMBULE

CONFIRME UN OUI

IL MARIAIT POÉSIE ET MUSIQUE

MUSE D'ARAGON

HÉROS SUR DES PLANCHES ALLEMAN-DES

ON NE LE VOIT PLUS RUMINER

6

OCTOBRE

8 h 02 19 h 15

St Bruno

■	P	■	A	■	T	■	L
D	R	E	S	S	A	G	E
■	A	P	P	A	R	A	T
M	I	L	I	T	A	N	T
■	R	O	S	I	R	■	O
M	I	R	■	N	E	O	N
■	A	E	D	E	■	U	I
E	L	S	A	■	U	R	E

BLOQUERA DE NOUVEAU

DÉPRAVÉE

ALCOOLIQUES

ON LE FAIT EN DORMANT

REDOUTE LE PIRE

CORPS CONSTITUÉ

TISSU AJOURÉ

INTRODUIT UN SOUHAIT

INDÉNIABLE

DONNÉ GAGNANT

MOUSSE SUR LE ZINC

HISTOIRE INVENTÉE ET ANCIENNE

ARTICLE

LA TROISIÈME PERSONNE

DU PAREIL AU MÊME

NICKEL ABRÉGÉ

AUCUNE CHOSE

IMITE LA SIGNATURE

PETITE QUANTITÉ DE LIQUIDE

7

OCTOBRE

8 h 03 19 h 12

St Serge

	R		I		C		D
P	E	R	V	E	R	S	E
	C	E	R	T	A	I	N
F	A	V	O	R	I		T
	L	E	G	E	N	D	E
L	E		N		T	E	L
	R	I	E	N		M	L
F	A	L	S	I	F	I	E

ARMURE, CUIRASSE

JOUER SUR LE TAPIS

MACULER

ATTÉNUE LA MOITEUR

CHEMIN TRACÉ

DÉSA-VANTAGEAI

SAIN

PARTAGÉ PAR TOUS

RAJOUTER UNE PINCÉE

POMMADE GRASSE

AGRÉ-MENTE UNE TOILETTE FÉMININE

ELLE S'EXPRIME EN JACASSANT

PAS TRISTE

SYMBOLE D'UN BON CONDUC-TEUR

RÉVÉREND PÈRE

UN MOT POUR UN HOMME

CONTRE-COUP

CLAMAI

8

OCTOBRE

8h05 19h10

Ste Pélagie

■	C	■	M	■	S	■	A
B	A	L	I	S	A	G	E
■	R	E	S	A	L	E	R
V	A	S	E	L	I	N	E
■	P	A	R	U	R	E	■
G	A	I	■	B	■	R	P
■	C	■	C	R	I	A	I
S	E	Q	U	E	L	L	E

PERTE DU GRÉEMENT DÉCORS D'AUTELS		MEMBRE D'UN CERCLE PASSE LES MENOTTES		PRES-SENTIES QUI S'EN FAIT POUR TOUT		HUITIÈME FILS DE JACOB RELATIVE À UNE MER	
UN OUI POUR DEUX NOMS IL EST SOUS LA PAILLE							
DÉSERT SAHARIEN IL ÉTAIT DIVIN CE DISQUE							ILS FONT PARTIE DES RÈGLES
		LAISSENT FROID PREMIER EN GÉOGRAPHIE					
LE GALLIUM CALIBRÉS DE NOUVEAU			LAXATIF EXTRAIT DE LA GOUSSE DU CASSIER				

■	D	■	P	■	F	■	A
R	E	T	A	B	L	E	S
■	M	A	R	I	A	G	E
R	A	T	E	L	I	E	R
■	T	E	N	E	R	E	■
R	A	■	T	U	E	N	T
■	G	A	■	S	E	N	E
R	E	A	L	E	S	E	S

ENTOURE, CEINTURE

C'EST UN ÉCHEC

CLÔTURE BASSE

AJOUTAI UNE PINCÉE

FIGURE GÉOMÉTRIQUE

COBALT DU CHIMISTE

QUI EST BONNE À CHANGER

DAHO, CHANTEUR

COULEUR DE POIL

IMITE L'AGNEAU

ON LA GAVE POUR SON FOIE

MET À TERRE

LOUPAGE

NULLE PART AILLEURS

DEVANT CE QUI EST À LUI OU À ELLE

CHARITABLES

RAPPORT CONSTANT

CONTRARIÉES ET DÉÇUES

ARRIVE QUAND IL N'Y A PLUS D'ESSENCE

10 OCTOBRE

8h08 19h06

St Hugo

	E		M		O		U
I	N	S	U	C	C	E	S
	C	A	R	O	T	T	E
B	E	L	E		O	I	E
	R	A	T	A	G	E	
I	C	I		B	O	N	S
	L		P	A	N	N	E
D	E	P	I	T	E	E	S

BROYÉ

CHAUSSON ALGONQUIN

L'ÉTALON S'Y REPRODUIT

FORTES EN GOÛT

POÈME BIBLIQUE

RACCOURCI À LA COUR

CÉLÈBRE CONTEUR DANOIS

BIEN INSÉRÉ

GARS DU HAVRE

COUVRIT D'UN JAUNE SOUTENU

AUTOCH-TONE DE L'UTAH

VIEUX BŒUF

PRENDRE SUR SOI

FAIT DU RÂPÉ

TERRES INGRATES

ON Y MET LE CHAM-PAGNE

MOT POUR DÉSIGNER

ÎLE QUI DONNE AUSSI LE TON

DE LA BONNE VOLONTÉ (DU)

11

OCTOBRE

8 h 09 19 h 04

St Firmin

	C		H		P		A
M	O	C	A	S	S	I	N
	N	O	R	M	A	N	D
O	C	R	A		U	T	E
	A	S	S	U	M	E	R
U	S	E		R	E	G	S
	S	E	A	U		R	E
C	E	S		S	I	E	N

SUPPORT D'ESQUIMAU / CALIBRES, GABARITS		SE DONNE DU MAL / ELLE EST PLEINE DE FEUILLES		ADULTES / FÉDÉRATION D'ÉTATS		COMPARTIMENTS DES BUFFETS / PREND SUR LUI	
RESTANT DISCRET / GROUPE DE COMBAT							
LANCÉE DANS LE MONDE / ÇA FAIT BOUM !				NOBLE À PORTO / IL MET FIN AU CÉLIBAT			
			MONTAGNE DE THESSALIE / PARTIR ET REVENIR				
IL A UNE POIGNE D'ACIER / PAS GERMAINES					CE QU'IL RESTE QUAND ON A VIDÉ SON SAC !		

12

OCTOBRE

8 h 11 19 h 02

St Wilfried

■	B	■	T	■	G	■	E
C	A	R	R	U	R	E	S
■	T	A	I	S	A	N	T
C	O	M	M	A	N	D	O
■	N	E	E	■	D	O	M
T	N	T	■	O	S	S	A
■	E	T	A	U	■	S	C
U	T	E	R	I	N	E	S

IL A DU TEMPS À PERDRE

BONNES À ENFERMER

MATIÈRES DE JEANS

COMME NEUVE

DISETTES

ÉLÉMENT DE GAMME

RISQUÉE

BAIGNÉ DE LUMIÈRE

BANDE D'UN FILM

GRAND TITRE

TASSERA LA NEIGE

NON IRRIGUÉS

ILS FAISAIENT DE L'OMBRE À PAGNOL

ENTRE I ET V

DÉBUT SUR UNE PLAQUE

IL VAUT LE *DO*

DONNES DES DÉTAILS

RUMINANT DES FORÊTS D'EUROPE

13

OCTOBRE

8 h 12 19 h 00

St Géraud

■	G	■	D	■	P	■	O
A	L	I	E	N	E	E	S
■	A	N	N	O	N	C	E
I	N	T	I	T	U	L	E
■	D	A	M	E	R	A	■
S	E	C	S	■	I	I	I
■	U	T	■	C	E	R	F
P	R	E	C	I	S	E	S

RETRAVAILLÉ

PAS FRANCHEMENT CALMES

CASSEURS

PETIT TONNEAU

VAGUE JOYEUSE

INFANTE DE CASTILLE

PRENDRE UN RISQUE

MONTRENT À TOUS

GRAND ÉTOURNEAU D'ASIE

BUSTE

ALLER-RETOUR

VIEUX BAHUT ANGLAIS

IL NE TOURNE PAS À L'ESSENCE

POILU

IL EST UTILISÉ PAR LE JOUEUR EN HERBE

RÉCIPIENT DE LABORATOIRE

HECTARE ABRÉGÉ

COMME UNE TÊTE DE MENEUR

IL EST RELIÉ AU LAC DU BOURGET

14

OCTOBRE

8 h 14 18 h 58

St Céleste

■	R	■	B	■	O	■	O
F	E	B	R	I	L	E	S
■	M	A	I	N	A	T	E
T	O	R	S	E	■	A	R
■	D	I	E	S	E	L	■
V	E	L	U	■	T	E	T
■	L	■	R	H	O	N	E
P	E	N	S	A	N	T	E

QUI A CHANGÉ DE LIGNE

UN VERT À LA MER

PIERRE FINE

POSER UNE COLLE

PRESQU'ÎLE BRETONNE

DIEU EN ÉGYPTE

ELLE A TOUT POUR FAIRE VINAIGRE

DÉCHARGE

RENDRE FAIBLE

TERROIR BORDELAIS

BUTINÉE

FUT CONVAINCU

FÉTIDE, ELLE EST EXTRAITE DE LA FÉRULE

COMPLÉMENT DE RESSOURCES

LETTRE

LOCUTION LATINE

TERRINES POUR LE PÂTÉ

CONCLUE

15

OCTOBRE

8 h 15 18 h 56

Ste Thérèse d'Avila

	A		G		Q		M
E	M	E	R	A	U	D	E
	A	N	E	M	I	E	R
V	I	G	N	O	B	L	E
	G	L	A	N	E	E	
C	R	U	T		R	S	A
	I	E		P	O	T	S
T	E	R	M	I	N	E	E

INDÉCIS / IL TRAVAILLE GRATUITEMENT		DÉGUERPIR / TRÈS PRÉCIS		SPORTIVES / DÉROBE		CAFETIÈRE À BEC / ARTICLE MASCULIN	
FAIRE CHAVIRER / DONT ON NE PEUT SE PASSER							
						ONT DONC UNE RÉALITÉ	
TERRAIN DÉFENDU PAR UNE ÉQUIPE		FLEUVE FRANÇAIS QUI VA JUSQU'AU RHIN					
				ANCIENNE MONNAIE / LADY DÉFUNTE			
QUI N'A PLUS LE CŒUR À RIRE		ENDROITS PARADISIAQUES					

16

OCTOBRE

8 h 17 — 18 h 54

Ste Edwige

■	H	■	D	■	J	■	V
B	E	N	E	V	O	L	E
■	S	E	C	O	U	E	R
V	I	T	A	L	E	■	S
■	T	■	M	E	U	S	E
C	A	M	P	■	S	O	U
■	N	■	E	D	E	N	S
A	T	T	R	I	S	T	E

MANGEUSE DE SABRES

GÊNER LA VUE

COUPE-PAPIER

NE CACHERA RIEN

ÉTOFFE DE LAINE DOUCE

GRIMPÉE

GRANDS PERROQUETS

POISSON À FRIRE

GRONDA GENTIMENT

ARBRES EN RANG

HAUSSER LA VOIX

GROUPE DE FRANCS-TIREURS

ILS SONT ACCUMULÉS PAR LES ANCIENS

SECRÉTAIRE DE RÉDACTION

GENET OU GIONO

MOUVEMENT PRÉCÉDANT LE SAUT

ELLE PRÉPARE DE FUTURS ENSEIGNANTS

17

OCTOBRE

8 h 18 18 h 52

St Baudouin

	A		C		F		A
A	V	E	U	G	L	E	R
	A	T	T	R	A	P	A
P	L	A	T	A	N	E	S
	E	L	E	V	E	R	
G	U	E	R	I	L	L	A
	S	R		E	L	A	N
J	E	A	N		E	N	S

BIDOUILLER

EXPOSITION D'ARMES

LUTTE BRETONNE

DONNEUR

SUCRE VÉGÉTAL

FAIRE LE JOINT

COMME DJANGO REINHARDT

DESCENDANCE DE NOÉ

PEU COMMUN

CHAÎNE DE TÉLÉVISION

PRÉNOM CÉLÈBRE À BROADWAY

PASSES AUX ACTES

GRAIN ÉCLATÉ

CENT LITRES

PARTISAN DE L'ÉDUCATION DES JEUNES FILLES

RUBAN DE SOIE

MONTRÉ SA JOIE

L'IRLANDE DES BARDES

RIEN NE LUI RÉSISTE

DANS UN COIN DE NORMANDIE

18
OCTOBRE
8 h 20 18 h 51
St Luc

■	B	■	E	■	G	■	D
F	R	U	C	T	O	S	E
■	I	N	U	S	U	E	L
L	C	I	■	I	R	M	A
■	O	R	A	G	E	■	T
H	L	■	G	A	N	S	E
■	E	R	I	N	■	E	U
B	R	I	S	E	F	E	R

MUR DE CLÔTURE

CLOISON DE SÉPARATION

VEDETTE À L'ÉCRAN

EMPLOYÉE À LA DISTRIBUTION

OFFENSER

CARILLONNA

COUCHAGE

ÉLÈVE

PAS UN TENDRE

TOUT À FAIT SEREIN

QUAND ÇA DÉPASSE LA MESURE

QUI NE S'APPREND PAS

HAUTE ÉCOLE

IL SE MIRAIT DANS LA VIRE (SAINT)

POSSÈDENT

ILS SE TIRENT AVEC LA GALETTE

EN MATINÉE

UN HOMME QUI ARPENTE LES RUES

LA PLUS GRANDE D'UNE FRATRIE

19

OCTOBRE

8 h 21 18 h 49

St René

■	E	■	M	■	S	■	P
I	N	S	U	L	T	E	R
■	C	O	R	I	A	C	E
Z	E	N	■	T	R	O	P
■	I	N	N	E	■	L	O
E	N	A	■	R	O	I	S
■	T	■	A	I	N	E	E
G	E	O	M	E	T	R	E

TRÈS DÉGRADÉE
SYSTÈMES INFORMATIQUES

IVRES DE PINARD
IL EST MIS SUR LA VOIE

SACS EN BANDOULIÈRE
DEVANT LA LICENCE

ÉCULÉE
HABILLÉE

QUITTÉE VOLONTAIREMENT
DÉCOR DE JARDIN

ELLE CONNUT LE PARADIS
SIGNAUX

FLÉTRIE
PROFESSEUR EN PLUS COURT

C'EST UNE PÉRIODE HISTORIQUE

CLOCHE OU GOURDE
PETIT *OPUS*

AXE DU VENT
DEVANCÉE PAR SES RIVALES

L'EFFROI QUI GLACE LE SANG

20
OCTOBRE
8 h 23 18 h 47
Ste Adeline

■	D	■	A	■	M	■	U
S	E	R	V	E	U	R	S
■	L	A	I	S	S	E	E
N	A	I	N	■	E	V	E
■	B	L	E	T	T	E	■
P	R	■	S	O	T	T	E
■	E	O	■	P	E	U	R
D	E	P	A	S	S	E	E

SORTE D'ÉROSION

BOU-LEVERSER

PARFUMS DES ÎLES

OBSERVE

TOUT EN HAUTEUR

VOISINE DE JAVA

ELLE FAIT UNE OFFRE D'ACHAT

UN BON MOMENT

JARDINIER DU ROI

HOMME DE POUVOIRS

MARQUÉE SUITE À UN COUP

FILLE DE LA REVUE

IL N'ARRIVE PAS À TOUTE POMPE

RÉPUBLI-QUE ARABE UNIE

SOLDAT DU FEU

POÈMES ANCIENS

MIRA-CULEUX

PETITE CITÉ BOUR-GUIGNONNE

21

OCTOBRE

8 h 25 18 h 45

Ste Céline

■	A	■	V	■	A	■	P
E	B	R	A	N	L	E	R
■	L	E	N	O	T	R	E
M	A	G	I	C	I	E	N
■	T	A	L	E	E	■	E
G	I	R	L	■	R	A	U
■	O	D	E	S	■	I	S
I	N	E	S	P	E	R	E

PAYS DE LA QUICHE

JOLIE ET SOIGNÉE

FICHUE, PERDUE

CROÛTON DE BAGUETTE

ILS SONT LUMINEUX SUR LA CÔTE

AU MILIEU

CONSISTANCES

À VOIX HAUTE (À)

D'UN PRIX TROP ÉLEVÉ

ATTRAPA

IL EST DISPUTÉ SUR LE COURT

DUPÉ

PAS DE PRIME JEUNESSE

TISSU

PETIT INTIME

SOUS NOS PIEDS

ABÎMER À FORCE DE CONSOMMER

PUIS

PÈRE DE L'ARCHE

CRANTÉS

QUI N'EST PLUS À LA MÊME PLACE

22

OCTOBRE

8 h 26 18 h 43

Ste Élodie

■	L	■	C	■	E	■	T
C	O	Q	U	E	T	T	E
■	R	U	I	N	E	U	X
P	R	I	T	■	S	E	T
■	A	G	E	E	■	T	U
L	I	N	■	U	S	E	R
■	N	O	E	■	O	T	E
D	E	N	T	E	L	E	S

AFFLIGEANT

DOMAINE AGRICOLE

QUI N'ARRIVE PAS TÔT

PRÉPARA LA PESÉE

À PETITE DISTANCE

PLAGIÉE

REFAIRE UN ESSAI

VIF ET PUISSANT

RAMEAU DE VIGNE

FILLE DES CORONS

IL SE SAUVE EN CHAUFFANT

CHIFFRE D'AFFAIRES

PRÉCISE L'ÉPOQUE

IL VISAIT LES PLUS RICHES

NON AUTHENTIQUE

IL PASSE À SAINT-OMER

CONCLUSION BOUDEUSE

SIGLE D'ALLIANCE

SUSPENSION POUR LE BOUCHER

MÉTAL QUI A TENDANCE À ROUILLER

23

OCTOBRE

8 h 28 18 h 41

St Jean de Capistran

■	D	■	T	■	P	■	R
M	E	T	A	I	R	I	E
■	S	A	R	M	E	N	T
N	O	R	D	I	S	T	E
■	L	A	I	T	■	E	N
C	A	■	F	E	I	N	T
■	N	A	■	E	S	S	E
O	T	A	N	■	F	E	R

FERA DURER

HOMME DE CIRQUE

CROCHET DANS LE QUARTIER

À BOUT DE FORCES

ÉMINENCE GRISE

MURMURE

CRISTAL DE ROCHE COLORÉ

LA CLÉ DES CHANTS

QUI NE JURE PAS

DÉVOREUR DE TOMES

À MOITIÉ

ÇA FAIT PLEURER LA MOUSMÉ

MAÇON-NERIE TERREUSE

OBSÉ-QUIEUX

COINS DU MÉCANO

LE CHROME

CRIER COMME UNE BÊTE

MILLE CENT À ROME

REPLACER

24
OCTOBRE

8 h 29 18 h 39

St Florentin

	T		E		T		P
D	R	E	S	S	E	U	R
	A	S	S	O	R	T	I
L	I	S	E	U	R		M
	N	O		P	I	S	E
S	E	R	V	I	L	E	
	R	E	E	R		M	C
R	A	S	S	E	O	I	R

CASSER UN CONTRAT

LEQUEL ?

BIEN APPROVI-SIONNÉ

ÔTER LES GRAINES DES FRUITS

ABON-DAMMENT

ABORDE

SIGNE SOUS LE C

PAYS DU DOLLAR

ELLE COUPE À TRAVERS BOIS

STYLO

IL FAIT PARTIE DE LA LITERIE

PETIT CHAMP

QUI S'EST LAISSÉ DUPER

FLEUR BLANCHE

ÇA PERMET D'ATTA-CHER

SYMBOLE D'UN MÉTAL

TABLE SUR LE MARCHÉ

RACCOURCI POUR UNE EUROPE

EXTRAIRE

25

OCTOBRE

7 h 31 — 17 h 38

St Crépin

■	R	■	Q	■	F	■	E
B	E	A	U	C	O	U	P
■	S	C	I	E	U	S	E
B	I	C	■	D	R	A	P
■	L	O	P	I	N	■	I
L	I	S	■	L	I	E	N
■	E	T	A	L	■	U	E
P	R	E	L	E	V	E	R

TRÈS GRAND NOMBRE

HOMME MACHINE

CELA PERMET DE FAIRE UNE SÉLECTION

ENLAIDIR

DONNERA EN EXEMPLE

FAIS DES VAGUES

NOTE TRÈS BASSE

OCTROIE LE PRIX

JOUER DES TOURS ET DES RUSES

FER-METURE

ÇA EMBELLIT LES HOMES

TOUCHE DU DOIGT

ON EN MANQUE À PARIS

SPORT DE PRÉCISION

POUR DÉSIGNER

HAUT DU CORPS

THÉORIES SACRI-LÈGES

QUI A REJOINT LE RESTE DE LA FAMILLE

26

OCTOBRE

7 h 32 17 h 36

St Dimitri

	I		T		C		Z
A	N	D	R	O	I	D	E
	F	E	I	N	T	E	R
Z	I	P		D	E	C	O
	N	A	T	U	R	E	
T	I	R	A	L	A	R	C
	T	E	T	E		N	E
H	E	R	E	S	I	E	S

CÉLÉBRITÉ DE MONACO / INDÉLICATESSE		MARCHE-PIED PORTATIF / VILLE DE FERIA		PATHO-LOGIE ÂGÉE / PROCHE DE LA TEIGNE		BIEN BRILLANT / QUI N'EST DONC PLUS ATTENDUE	
IMITER LA HYÈNE / AFRICAIN							
VIEUX FUSIL / FERME UN ŒIL						IL CIRCULE CHEZ LES SOFIOTES	
				HOMMES, MARIS, AMANTS...			
PARFOIS FIXE QUAND TOUT VA BIEN		TEXTES À L'ÉTUDE					
				ELLE DUT ACCEPTER LE PREMIER VENU			

27

OCTOBRE

7 h 34 17 h 34

Ste Émeline

■	C	■	E	■	S	■	V
S	A	N	S	G	E	N	E
■	R	I	C	A	N	E	R
S	O	M	A	L	I	E	N
■	L	E	B	E	L	■	I
V	I	S	E	■	I	L	S
■	N	■	A	C	T	E	S
B	E	A	U	■	E	V	E

DONNER APRÈS AVOIR NOMMÉ / GENDRE		NON DITE / ON Y ATTEND LE BUS		BARS DU QUARTIER / BIEN DÉRISOIRES		FAIT PREUVE DE COURAGE / VILLE D'ÉGYPTE	
EXCAVÉE / IL PASSE SOUS PARIS							
			CE QUE DOIT PAYER LE CLIENT				UNE PLANTE QU'ON A À L'ŒIL
ÔTAI / TROIS LETTRES EXPLOSIVES							
			ON DORT COMME LUI PROFONDÉMENT / A ÉTÉ APTE				
NÉCESSAIRES DE TOILETTE		MALAXÉ AU FOURNIL					

28

OCTOBRE

7 h 36 17 h 32

St Jude, St Simon

■	D	■	T	■	B	■	O
B	E	A	U	F	I	L	S
■	C	R	E	U	S	E	E
R	E	R	■	T	T	C	■
■	R	E	T	I	R	A	I
T	N	T	■	L	O	I	R
■	E	■	P	E	T	R	I
T	R	O	U	S	S	E	S

COMME L'ACCENT DU TITI / OUVERTURE		PRENDS CONNAISSANCE / MATIÈRES TEXTILES		CRAQUANT / SOUILLÉ		TENTÉE / DISPOSÉ DE JOLIE MANIÈRE	
COULEUR PÂLE / DOUZE À ROME							
			ANCIENNE MONNAIE DE MILAN / AU FOND DU LIT				
CAUSERA DU MAL / DONNA UN PETIT BAISER							DIRECTION SUR LA ROSE DES VENTS
				IL N'EN A RIEN À BRAIRE / PÉRIODE CIVILE			
SORTIE DE L'ESPRIT		ILS SE RONGENT D'ANGOISSE					

29
OCTOBRE

7 h 37 17 h 30

St Narcisse

■	P	■	L	■	A	■	O
V	A	S	I	S	T	A	S
■	R	O	S	A	T	R	E
X	I	I	■	L	I	R	E
■	S	E	V	I	R	A	■
B	I	S	A	■	A	N	E
■	E	■	S	A	N	G	S
I	N	V	E	N	T	E	E

UN PEU INVENTÉE

BADINS

COQUE DE BATEAU

PRODUIT DE NORMANDIE

RAPPELS À L'ORDRE

TIRA LA PÉNICHE

GONFLÉ

AMPLEUR, PORTÉE

RÉFLÉCHIT AVEC ÉCLAT

ÉCUMEUSE

ILS ONT LA TÊTE PRÈS DU BONNET

JOLIE PETITE SOURIS

QUI IRRITE LA GORGE

MOT DE MINEUR EN COLÈRE

SUJET PERSONNEL

L'ONU AU DÉBUT

PRÉFIXE DE RÉUNION

POINTS OPPOSÉS

BRIQUES

UN PHARMACIEN À MÉTHODE

30

OCTOBRE

7 h 39 17 h 29

Ste Bienvenue

	R		C		T		O
F	O	L	A	T	R	E	S
	M	I	R	O	I	T	E
B	A	V	E	U	S	E	
	N	A	N	A		N	A
A	C	R	E		S	D	N
	E	O		C	O	U	E
N	E	T	T	O	I	E	S

QUI A UN VÉHICULE PETITS OISEAUX		POINT BARIOLÉ FERAI LE DÉPLA-CEMENT		ENTRE VIOLET ET LILAS SIDÉRÉES		OBÉIR À UN ORDRE PAGE DES GRANDS TITRES	
ELLE ACCUEILLE LE PUBLIC UN TRUC EN PLUMES							
			INDIQUE QU'ON EST EN COMPA-GNIE DROGUE				
TRÈS ARGENTÉ DEUX À OSTIE						DIRECTION SUR LA BOUSSOLE	
		RESSENS UN MOT QUI EN LIE D'AUTRES			PERSON-NAGE SUR LE CALEN-DRIER ÇA VAUT *DO*		
ELLE LANCE DES GRAINES AVOIR DANS LE NEZ							

31
OCTOBRE
7 h 40 · 17 h 27
Halloween • St Quentin

	M		U		M		E
M	O	I	N	E	A	U	X
	T	R	I	B	U	N	E
B	O	A		A	V	E	C
	R	I	C	H	E		U
I	I		A	I		S	T
	S	E	M	E	U	S	E
D	E	T	E	S	T	E	R

IMPUDENT

CONDITION OUVRIÈRE

TELLES DES SŒURS DÉSUNIES

PREUVES DE DETTES

CE N'EST QUE JOUER

ESTIMER UNE ŒUVRE

CORRIGÉ

INDIVIDU VIVANT

PLAINTIVE

FILERA COMME UN LAPIN

CIRE DE CONDUIT

DISPARU EN MER

INDIQUE UN LIEU PRÉCIS

ÎLE QUI DONNE AUSSI LE TON

DEVENUS PROPRIÉTÉ DE LA NATION

QUI EST POINTU ET COUPANT

1er

NOVEMBRE

7 h 42 – 17 h 25

Toussaint

	I		S		E		C
I	N	C	A	R	N	E	R
	D	O	L	E	N	T	E
D	E	T	A	L	E	R	A
	C	E	R	U	M	E	N
P	E	R	I		I		C
	N		A	C	E	R	E
E	T	A	T	I	S	E	S

MAXIME DE FABLE

CHASSE D'EAU...

À NE PAS PRENDRE AU SÉRIEUX

PERSONNE MÉRITANTE

MISE EN FORME

CONVENIR DE, ARRÊTER

ÉCLAT ÉPHÉMÈRE

ÉLÉMENT DE TERRE

TRAQUER LA SALETÉ

TRUC ANTI-FROID

ELLE N'EST PLUS COURUE

IL ÉVEILLE LA MÉFIANCE QUAND IL EST DRÔLE

FÊTE MUSULMANE

SE MONTRA PEU DOCILE

LE CÉSIUM SYMBOLISÉ

MESURE EN RÈGLE

ACRONYME ÉNERGÉTIQUE

C'EST COMME ON VOUS LE DIT

PAS INDUSTRIELS

2

NOVEMBRE

7 h 44 17 h 24

Défunts

	M		P		F		P
M	O	D	E	L	A	G	E
	R	E	C	U	R	E	R
C	A	C	H	E	C	O	L
	L	I	E	U	E		E
A	I	D		R	U	A	
	T	E	C		S	I	C
F	E	R	M	I	E	R	S

DANSE ANDALOUSE

SAUT DE GARDIEN

ENFOUIS

RÉGAL DE MÉDOR

APRÈS *BIS*

SAVANT

EXTRÊMEMENT INQUIÈTE

PETIT DANS LE NID

HÉROS GAULOIS

ÉTAT-MAJOR

INDIQUE LA FAÇON DE FAIRE

DANS UNE SUPPOSITION

MET SUR LA BASCULE

RESTÉE LE VENTRE VIDE

PRÉFIXE PRIVATIF

CHOISI DE NOUVEAU PAR UN VOTE

A ÉTÉ APTE

CONSEILLER SCOLAIRE

GRONDE

MARQUE D'APPARTENANCE

■	F	■	E	■	T	■	A
P	L	O	N	G	E	O	N
■	A	S	T	E	R	I	X
E	M	■	E	N	■	S	I
■	E	T	R	I	P	E	E
I	N	■	R	E	E	L	U
■	C	P	E	■	S	E	S
R	O	U	S	P	E	T	E

ÉLO-QUENCE

ELLES ONT REÇU UNE BAGUE

DÉTOURNÉ

PILIERS DE COINS

VOYAGES EN MER

SODA AMÉRICAIN

PHUKET ET OKINAWA S'Y TROUVENT

RIGIDE

ANES-THÉSIÉ

PREND LES DEVANTS

GLISSE SUR LA NEIGE

SITUÉE CHEZ LE CLERC

ILS SONT JETÉS POUR ROU-LER SUR LA PISTE

SUBSTANCE HALLUCI-NOGÈNE

EXAGÉRÉ-MENT SATISFAIT

INVENTÉE DE TOUTES PIÈCES

MARQUE D'APPAR-TENANCE

4

NOVEMBRE

7 h 47 — 17 h 21

St Charles

■	B	■	I	■	P	■	A
F	I	A	N	C	E	E	S
■	E	N	D	O	R	M	I
A	N	T	I	C	I	P	E
■	D	E	R	A	P	E	■
S	I	S	E	■	L	S	D
■	R	■	C	R	E	E	E
B	E	A	T	■	S	E	S

PIQUE LE CRACK

IL PEUT SE METTRE À L'ARRÊT

POLISSANT

COCOS D'ÎLES

PRÉNOM DE BARJAVEL

MARCHANDISE SANS VALEUR

DOUBLÉ, C'EST OSÉ

COMME UNE SŒUR

ITINÉRANTE

ASSÉCHÉE

ILS N'ONT PAS LA RÉPUTATION D'ÊTRE SOUPLES

MONT DE THESSALIE

ÉLÉMENT NÉGATIF

IL BRILLA DE MILLE FEUX

DEVENU AIGRE

BOIS TOUCHÉ PAR LE FEU

ENTRE I ET XX

ANAÏS, FEMME DE LETTRES

RÉPÈTES

C'EST SOUVENT LA DERNIÈRE BOUCLÉE

5

NOVEMBRE

7 h 48 — 17 h 19

Ste Sylvie

	E		E		R		O
E	P	A	G	N	E	U	L
	E	R	R	A	N	T	E
D	R	A	I	N	E	E	
	O	S	S	A		R	A
I	N		A	R	S	I	N
	N	I	N		U	N	E
R	E	I	T	E	R	E	S

AMUSANTE

DEVENIR PRESSANT

MOYEN DE TRANSPORT

GRAVE

AVOINE OU LUZERNE

ASSEMBLERAIT

REMIS À NEUF

ELLE FAIT OBSTACLE AU PLAISIR

AVALER

CRÉATURE MONSTRUEUSE

CONJONCTION

PLUS QU'ÉMÉCHÉ

ASPERGÉE D'EAU

FABRIQUE DE MINISTRES

EN VERSION NON DOUBLÉE

SOLEIL D'ANTAN

A MONTRÉ UN SIGNE DE JOIE

ENVOYEURS DE BALLON ROND

GROS BENÊT

AU FOND, ELLE EST IMBUVABLE

6

NOVEMBRE

7 h 50 — 17 h 18

St Léonard

■	P	■	U	■	C	■	S
F	O	U	R	R	A	G	E
■	I	N	G	E	R	E	R
A	L	I	E	N	■	N	I
■	A	R	R	O	S	E	E
E	N	A	■	V	O	■	U
■	T	I	R	E	U	R	S
B	E	T	A	■	L	I	E

DÉMOLIE PAR LA CRITIQUE

OUVERTURES

ACTION D'UN REMÈDE

ENTIERS

BOUCLIERS DES CHEVALIERS

VA BIEN AVEC ELLE

PLANTATIONS DE PETITS SAULES

GRIFFÉE

DILATATION

DANS LA HÂTE ET LA PRÉCIPITATION

VOISIN DE LA DORADE

QUI RISQUE DE CHOQUER

L'OTAN DES ANGLAIS

IL ABRÈGE LA SÉRIE

NOTE EN DESSOUS DU *SOL*

BOUT DE CERCLE

BON POUR LE SAVON

RÉPÉTÉ EN RIANT

TRÈS PURE ET IMPALPABLE

FIT DU TORT

POUR DÉSIGNER

7

NOVEMBRE

7 h 52 17 h 16

Ste Karine

■	E	■	E	■	E	■	O
O	R	I	F	I	C	E	S
■	E	N	F	L	U	R	E
V	I	T	E	■	S	A	R
■	N	A	T	O	■	F	A
E	T	C	■	S	A	L	I
■	E	T	H	E	R	E	E
L	E	S	A	■	C	E	S

CASCADE EN MILIEU URBAIN / D'AVANT-GARDE		RAMES À PRENDRE / FORFAIT		VOYAGE EN PLEINE NUIT / NOUVEAU MEMBRE		ANCIEN ORATEUR GREC / MENEUR DE REVUES	
DIVINITÉ AQUATIQUE / RADIO PÉRIPHÉRIQUE							
			RÉCLAME VENGEANCE / UTILISA AU MIEUX				
IRRITE / EN PITEUX ÉTAT							IL DONNA DES LYCÉES AUX JEUNES FILLES
INTERPELLA		ONDULE AVEC LE VENT					
				ELLE A DES ÉTAGES SOUVENT IRRÉGULIERS			

8

NOVEMBRE

7 h 53 17 h 15

St Geoffroy

	F		R		O		I
M	O	D	E	R	N	E	S
	N	E	R	E	I	D	E
R	T	L		C	R	I	E
	A	I	G	R	I	T	
M	I	T	E	U	S	E	S
	N		R	E	M	U	E
H	E	L	A		E	R	E

EN ABONDANCE (EN) / COMPTOIRS PUBLICS		TUER AUTREFOIS / IMPERCEPTIBLES		ELLE PORTE LE CHAPEAU / INTERPELLA		QUI EST BON À CHANGER / ENTRELACÉE	
UN ANCIEN / ENDOSSÉE À LA VA-VITE							
							UN TROU DANS LA PEAU
FIT PARTIR LE COUP / PRÉNOM DE FILS CHÉRI					SAPEUR-POMPIER / COMME UN LIEU SANS DANGER		
				SUD-SUD-OUEST / RAPPORT DE CIRCONFÉRENCE			
PRONOM PERSONNEL / FLAIRÉE			SENTIR MAUVAIS				

9

NOVEMBRE

7 h 55 17 h 13

St Théodore

	Q		O		T		U
G	U	I	C	H	E	T	S
	A	N	C	E	T	R	E
E	N	F	I	L	E	E	
	T	I	R	A		S	P
A	I	M	E		S	S	O
	T	E		P	U	E	R
R	E	S	P	I	R	E	E

APPEL RETENTISSANT

COMMIS OU PIGEON

MALLE MILITAIRE

MARCHETTE

VILLE DE L'OISE

DÉESSE DE LA TERRE

MATÉES, APPRIVOISÉES

INDIEN DE L'UTAH

NOMBRE SUISSE

QUI NE SERVENT PAS

GARDAI À L'ŒIL

ESCALE ALGÉRIENNE

LE MEILLEUR DE LA SUBSTANCE

PROCHE DU SUD

LA SCIENCE-FICTION

ELLES ÉMERGENT AU LARGE

PRÉNOM BIBLIQUE

UNION POLITIQUE, ÉCONOMIQUE ET MONÉTAIRE

VOILES À L'AVANT DU BATEAU

10

NOVEMBRE

7 h 56 17 h 12

St Léon

	S		C		S		D
V	O	Y	A	G	E	U	R
	N	O	N	A	N	T	E
I	N	U	T	I	L	E	S
	E	P	I	A	I		S
O	R	A	N		S	S	E
	I	L	E	S		U	E
L	E	A		F	O	C	S

ÉRABLE BLANC / APERÇU GLOBAL		COMME UN TROT DE COURSE / AGENCE AUX U.S.A.		FAIT DES EM-BROUILLES / À GARNIR D'UN APPÂT		SONT PAR-COURUS PAS À PAS / ATTACHÉE	
D'UNE RÉGION D'ESPAGNE / SAGEMENT							
MONSIEUR BÊTE / ELLE DUT VIVRE AVEC UN MUFLE					COMBAT-TANT ÉTRANGER / ACIDE EN GÉNÉTIQUE		
		ENVELOPPE À LA NOIX / PLATINE SANS LES DISQUES					
PETIT PRÊTRE / CIMENTÉS			FLEUVE ORIGINAIRE DES SUDÈTES				

11
NOVEMBRE

7 h 58 · 17 h 11

Armistice 1918 • St Martin

	S		A		M		S
S	Y	N	T	H	E	S	E
	C	A	T	A	L	A	N
P	O	S	E	M	E	N	T
	M	A	L	E		G	I
I	O		E	C	A	L	E
	R	P		O	D	E	R
B	E	T	O	N	N	E	S

MONUMENT ÉGYPTIEN

ADOUCIR LA PEAU

QU'ON NE PEUT CONTESTER

DÉNOUÉES

BRILLA

BON PORTEUR

COMMENCEMENTS

PETIT ÉTAT-MAJOR

FAIT REVIVRE

HOMME DE BAMAKO

SA BATAILLE EST RESTÉE CÉLÈBRE

PARTIE TENDRE D'UNE MICHE

DESTINÉE

APPEL AU SECOURS

IL PASSE POUR ÊTRE SOLIDE

IL N'EST PAS POUR UNE POLITIQUE NOUVELLE

ABATTUE AU BULLDOZER

CUBES QUI ROULENT

EFFETS D'UN TRAVAIL MANUEL

12

NOVEMBRE

8 h 00 17 h 09

St Christian

	P		V		E		P
H	Y	D	R	A	T	E	R
	R	E	A	N	I	M	E
M	A	L	I	E	N		M
	M	I	E		C	R	I
V	I	E		R	E	A	C
	D	E	M	O	L	I	E
D	E	S		C	A	L	S

DISPOSITIF DE DÉCRYPTAGE / NOVICE		VESTON DE LORD / DÉCORÉS		ÉNIGMES / MANIFESTER SON MÉCONTENTEMENT		PETITE FAUCILLE / UNE BONNE RÈGLE	
FAIRE SON TROU / C'EST TOUT UN POÈME							
						À LA MILANAISE	
DÉFRISÉ / AMENÉ À SE PLAINDRE							
				RONGEUR POURCHASSÉ / GÉNISSE MYTHIQUE			
ELLE COUVRE PARFOIS PLUSIEURS SIÈCLES		MONTRENT LEUR PLAISIR					
			QUI N'EST PAS POUR DES OREILLES CHASTES				

13
NOVEMBRE
8 h 01 17 h 08
St Brice

■	D	■	S	■	M	■	S
N	E	O	P	H	Y	T	E
■	C	R	E	U	S	E	R
S	O	N	N	E	T	■	P
■	D	E	C	R	E	P	E
L	E	S	E	■	R	A	T
■	U	■	R	I	E	N	T
E	R	E	■	O	S	E	E

FRATERNITÉ DES FEMMES

ABRI POUR FAUCHÉS

MET UN TERME AU DISCOURS

POISSONS MARINS

RÉSERVE NATURELLE

SE TUER À LA TÂCHE (SE)

LIEUX AÉRÉS

TROISIÈME HOMME

RECHIGNE

EN COURSE POUR L'OSCAR

IL EST À L'ORIGINE DE CERTAINES ROUGEURS

RAPPORTE

MARITIME SUR LA CÔTE D'ARGENT

ÇA SORT QUAND ON ENCAISSE

EUT UN GESTE AUGUSTE

DONNE À RÊVER

DIRECTEURS DES MINES

IL EST MOINS ABSOLU QU'AVANT

COIN À GUIGNES

14

NOVEMBRE

8 h 03 17 h 07

St Sidoine

	S		F		E		Z
M	O	D	E	S	T	I	E
	R	E	N	A	C	L	E
N	O	M	I	N	E		S
	R	E	L	A	T	E	
P	I	N		S	E	M	A
	T	E	S		R	O	I
C	E	R	I	S	A	I	E

COUPÉ PAR LE TAILLEUR / REVIVRE		HABITS EN INDE / PARTIE D'ÉGLISE		ENCOU-RAGÉE / FIN D'UN INFINITIF		PLEINS DE PIQUANTS / ANCIENNE MONNAIE ESPAGNOLE	
CHIEN DE CHASSE / CHALLENGE À RELEVER							
				SON PREMIER SENT LE MUGUET / TOUCHÉS			
IL EST BRILLANT, LA NUIT SEULEMENT		ABANDON-NÉS DE TOUS / PETIT À L'OPÉRA					
			MILLILITRE / SOLDAT D'UN CORPS ÉTRANGER			DEUXIÈME DEGRÉ D'UNE GAMME	
ADVERBE DU PASSÉ / RANIMÉES TELLES LES BRAISES							

15

NOVEMBRE

8 h 04 17 h 05

St Albert

■	V	■	S	■	S	■	H
R	E	N	A	I	T	R	E
■	T	E	R	R	I	E	R
D	E	F	I	■	M	A	I
■	M	■	S	E	U	L	S
V	E	R	■	M	L	■	S
■	N	A	G	U	E	R	E
A	T	T	I	S	E	E	S

EXTRACTION DES PARFUMS

OUTILS MARTELÉS

ELLE PEUT PROVOQUER LA CHUTE

HYPOTHÈSE

ATTACHÉ À LA BOUÉE

ÉRODAI

EST-SUD-EST

COUVERT D'ARDOISES

SORTE DE POULE

CAVALIER MILITAIRE

COMME UN HARENG SALÉ, PUIS SÉCHÉ

PAIN GARNI DE VIANDE OU DE LÉGUMES

TITRES DE COUR

RÉSEAU TÉLÉ

UN DES CARACTÈRES GRECS

FAIT DE

FAIT SUITE À UN CHOC

FAIRE UN PROCÈS

S'ADRESSE À UNE CONNAISSANCE

16

NOVEMBRE

8h06 17h04

Ste Marguerite

	I		G		A		E
E	N	C	L	U	M	E	S
	F	A	I	S	A	N	E
H	U	S	S	A	R	D	
	S		S	I	R	E	S
P	I	T	A		E	T	A
	O	N	D	E		T	U
I	N	T	E	N	T	E	R

ENTRÉE DE PIÈCE

CHICANE

ELLE NE MÈNE PAS UNE VIE DE PATACHON

VÉNUSTÉ

MOUSSE, AU DÉBUT

DISCIPLES

BUGNES À LYON

C'EST DU CHINOIS !

PARERAI

IL EST PLEIN DE TÂCHES

AUSTRAL OU GLACIAL

ÇA VIENT AVEC LE TEMPS

COGNE, ET PARFOIS DE LOIN

UN LAMBIN DURANT TOUTE SA VIE DE BÊTE

SAINT MONTAGNARD

LETTRES DU CŒUR

BIEN GARÉES

IL PEUT METTRE À MAL LA FORCE DE L'AS

17

NOVEMBRE

8 h 07 17 h 03

Ste Élisabeth

■	P	■	N	■	M	■	B
E	R	G	O	T	A	G	E
■	O	R	N	E	R	A	I
P	L	A	N	N	I	N	G
■	O	C	E	A	N	■	N
A	G	E	■	N	■	P	E
■	U	■	A	T	O	U	T
R	E	M	I	S	E	E	S

BASE DE LA GÉNÉTIQUE / TRAÎTRESSE		RÉPANDRE SUR LE CHAMP / MOBILES		JEU SUR UNE COURSE / CONSERVÉES		AVANT LA PREMIÈRE / CÉLÈBRE PAQUEBOT	
AROMATE / COURAGE EXCESSIF							
AIGUILLON D'ABEILLE / LIEU DOUILLET					ALLER-RETOUR EN DEUX LETTRES		
			CRACHEUR SICILIEN				
PETIT ÉCRAN / BORDS DE CANAL					L'HOMME DONT ON PARLE		
			ASPIRE UN LIQUIDE				

■	H	■	S	■	P	■	G
R	E	N	E	G	A	T	E
■	R	O	M	A	R	I	N
T	E	M	E	R	I	T	E
■	D	A	R	D	■	A	R
N	I	D	■	E	T	N	A
■	T	E	L	E	■	I	L
L	E	S	■	S	U	C	E

BINER LA TERRE / MORDU PROFONDÉMENT		CONAKRY Y EST CAPITALE / VERRE TEINTÉ		TOURNAGE À LA CHAÎNE / LAVE EN FROTTANT		ACTIVITÉ PHYSIQUE / BŒUF SAUVAGE DISPARU	
ÔTE LES CAILLOUX / PALETTE D'ÉCHANTILLONS							
COMME LA BARBE D'UN CONTE / CORNER						ARGILE POUR DES POTERIES	
					SUPPOSONS... / A PROUVÉ SA GAIETÉ		
À LA POINTE DE LA MODE / GROGNES ANCIENNES			PRÉNOM ROYAL EN SUÈDE ET EN NORVÈGE				
				ELLE EST FLOTTANTE EN CUISINE			

19

NOVEMBRE

8 h 10 17 h 01

St Tanguy

	A		G		S		E
A	M	O	U	R	E	U	X
	E	P	I	E	R	R	E
N	U	A	N	C	I	E	R
	B	L	E	U	E		C
P	L	I	E	R		S	I
	I	N		E	R	I	C
I	R	E	S		I	L	E

QUI A ATTEINT LA MORGUE PINAILLEUR		FILLE VOLAGE HOMME DE BONNE CHÈRE		TENAIS SECRET TITANE DU CHIMISTE		DESSOUS DE TÊTE... OBJET VOLANT IDENTIFIÉ	
AILLOLI POUR LA SOUPE APPAREIL À SOUFFLÉ							
				IL NE PAYE PAS LE PRIX FORT			
ARMAI LE BATEAU SECOURS RAPIDE						IL NE FERA JAMAIS GRAND BIEN	
				BOIS PRÉCIEUX EN INDE STRONTIUM			
ÉTENDUE MONS-TRUEUSE STUPÉFIER					SON PONT A FAIT COULER BEAUCOUP D'ENCRE		

	A		C		C		O
E	R	G	O	T	E	U	R
	R	O	U	I	L	L	E
F	O	U	R		A	M	I
	G	R	E	A	I		L
S	A	M	U		S	A	L
	N	E	S	S		R	E
A	T	T	E	R	R	E	R

PRIVILÈGE DE L'ÂGE / BANQUE-ROUTE		APTITUDE À DEVINER / ÉNERVÉS		C'EST TERMINÉ ! / POISSON PLAT		VRAIMENT CALMES / PRONOM RÉFLÉCHI	
PRENDRE ET PERDRE SON TEMPS / ERSATZ DE CRABE							
						IL EST GELÉ AU NORD ET AU SUD	
S'AMUSERA / LOT À ASSEMBLER					RAPPORT POUR UN CERCLE FERMÉ		
			TUBE DE GAZ ÉCLAIRANT / DÉCOUVERT				
ÉTIRE / SORTIES DE L'USAGE					ARTICLE MASCULIN		

21

NOVEMBRE

8h13 16h59

Présentation de la Vierge Marie

	M		F		F		S
F	A	I	L	L	I	T	E
	T	R	A	I	N	E	R
S	U	R	I	M	I		E
	R	I	R	A		P	I
K	I	T		N	E	O	N
	T	E	N	D		L	E
D	E	S	U	E	T	E	S

METTAIENT EN JEU / IL RELIE LES OS		COQUILLAGE / FLEUVE INDIEN		ANIMAL AU DOS COUVERT DE PIQUANTS / TERNE		ÇA NOUS DONNE UNE IDÉE DE L'INFINI / DÉMENT	
EMPLOYÉ / CHAPEAU À FOND PLAT							
TROUS DES CAUSSES / CRIER SOUS LES BOIS						ELLE EST ATTIRÉE PAR CE QUI BRILLE	
				VOILE DE BATEAU / LA SEPT MÈNE AU SOLEIL			
PASSÉE POUR LA PREMIÈRE FOIS		ÉTUDE DES RÈGLES JURIDIQUES					

22

NOVEMBRE

8h15 16h58

Ste Cécile

■	M	■	P	■	H	■	E
L	I	G	A	M	E	N	T
■	S	A	L	A	R	I	E
C	A	N	O	T	I	E	R
■	I	G	U	E	S	■	N
R	E	E	R	■	S	P	I
■	N	■	D	R	O	I	T
E	T	R	E	N	N	E	E

CARACTÈRE FONDAMENTAL

PRODUIT VOMITIF

BAPTISER DU VIN

HÉROS TROYEN

PRISE EN CHARGE

AU BORD DE LA RUINE

INSTRUMENT À VENT

INDIGNAIT

BOUCHE BÉE

VICTIME D'UN MALENTENDU

AGIR PAR EN DESSOUS

SONT PROPRIÉTAIRES

UN DÉPÔT EN LIQUIDE

BATEAU MALAIS

GUIDE DE POINTE

ON LA PREND EN MENANT LA COURSE

D'UN VRAI CHIC ANGLAIS

BLESSÉ

TEMPS LIBRE

23

NOVEMBRE

8 h 16 16 h 57

St Clément

	I		I		D		E
A	D	O	P	T	I	O	N
	E	B	E	R	L	U	E
I	N	E	C	O	U	T	E
	T	R	A	M	E	R	
L	I	E		P	R	A	O
	T	E	T	E		I	N
L	E	S	E		R	T	T

ARME POUR UN TIR DE PRÉCISION / TÉLÉ-COMMANDE		ATTRIBUT DE ROSE / ELLE FAIT LE COUPLE		IDIOTS / INDIQUE LA POSITION		CRIER SOUS LES CORS / CHICHI	
CAN-NELURE / PROFIT EMPOCHÉ AU JEU							
				À TRAVERS / ILS SE METTENT À TABLE			
ON Y PARLE LE PORTUGAIS / FEMELLE DU JARS							QUI SONT À MOI
			BOULE ROUGE PARMI LES FROMAGES / À ELLE				
LAISSAS DIVAGUER TON ESPRIT		PIERRE DRESSÉE POUR LE SOUVENIR					

24

NOVEMBRE

8h18 16h56

Ste Flora

■	C	■	E	■	S	■	R
Z	A	P	P	E	T	T	E
■	R	A	I	N	U	R	E
G	A	I	N	■	P	A	R
■	B	R	E	S	I	L	■
O	I	E	■	E	D	A	M
■	N	■	S	T	E	L	E
R	E	V	A	S	S	A	S

COMME DE L'EAU AVEC DES SELS PETITS NOBLES		AIRE DE TRANSIT TELS DES VELOURS		PIÈCE À LOUER SE MONTRER DIGNE		FATIGUES LES NERFS EXISTES VRAIMENT	
QUI PRÉSENTE DES NODOSITÉS LARVE							
						LANIÈRE FIXÉE AU HARNAIS	
ABJURER ELLES SERVENT AU CHARGEMENT							ON L'EMPRUNTE POUR CHANGER DE MILIEU
ARTICLE DÉFINI AUX DIMENSIONS CONNUES			PLUS HAUT VOLCAN ACTIF D'EUROPE				

	M		D		S		U
V	I	C	O	M	T	E	S
	N	O	U	E	U	S	E
T	E	T	A	R	D		S
	R	E	N	I	E	R	
P	A	L	E	T	T	E	S
	L	E		E	T	N	A
M	E	S	U	R	E	E	S

DÉPARTEMENT

PORT CROATE

PARTIE DÉCISIVE

FAIRE DU MAL

COURSES À PIEDS

ACTION À LA BOURSE

CHAPEAUX D'ÉTÉ

CRUCHE, PARFOIS

DÉBLAYER LE TERRAIN

GESTION DU LIQUIDE

PLUS VIEUX QUE JAMAIS

MEURTRIS

POUR DÉSIGNER

BOUGES

CHIFFRE ANTIQUE

CHAÎNE DU GROUPE M6

SE RETIRER (SE)

IL EST SOLLICITÉ AU MOMENT DE LA REPRISE

26

NOVEMBRE

8h21 16h55

Ste Delphine

■	C	■	S	■	F	■	A
S	H	O	P	P	I	N	G
■	A	P	L	A	N	I	R
D	R	A	I	N	A	G	E
■	E	■	T	A	L	A	S
O	N	C	■	M	E	U	S
■	T	E	V	A	■	D	E
D	E	S	I	S	T	E	R

AGRÉABLE / CHARGÉ DE VAISSELLE		ATTENTION OU CURIOSITÉ / RIDES D'EAU		OUTIL QUI PINCE / ASSURA L'ADMINISTRATION		AVOCATS ET JUGES S'Y RÉUNISSENT / ATTACHÉ	
ELLE CAPTE LE SIGNAL / FERAIT DES PLIS							
DEVIENDRAI / LA BOULE À ZÉRO						DÉTERMINANT DÉMONSTRATIF	
				CHAÎNE D'ACTUALITÉS / PEUT MIEUX FAIRE			
EFFECTUE UN PRÉLÈVEMENT		ENDOMMAGER UN FRUIT					
			C'EST LE CORBEAU OU LE RENARD				

27

NOVEMBRE

8h22 16h54

St Virgile

	P		I		T		P
P	L	O	N	G	E	U	R
	A	N	T	E	N	N	E
R	I	D	E	R	A	I	T
	S	E	R	A	I		O
R	A	S	E		L	C	I
	N		T	A	L	E	R
O	T	E		B	E	T	E

S'ALLIE POUR FORMER UN TOUT

RAMASSÉE

ACCESSOIRE DE COTILLON

RECOUVRE D'ÉTAIN

BRUIT DE RUPTURE

FONDS DE BOUTEILLES

DÉCONTRACTIONS

ÉTUDIANT SOUVENT DE GARDE

RAYANT

PARLER LOCAL

LAISSÉ DE CÔTÉ

UN CADEAU POUR DIANE

INDIQUE UNE POSITION

DÉPARTEMENT

RECHERCHE DE LA BEAUTÉ

RAPPORT DE CERCLE

PROPRES AUX LIONNES

BOUGE LE CHEF POUR DIRE OUI

	F		M		C		D
C	U	E	I	L	L	I	E
	S	T	R	I	A	N	T
D	I	A	L	E	C	T	E
	O	M	I	S		E	N
A	N	E	T		A	R	T
	N		O	P	I	N	E
L	E	O	N	I	N	E	S

DÉRIVE INCONTRÔLÉE / HOMMES DE LOI		CRUCHES ET NOUILLES / METTRE AU PARKING		MANIÈRE D'ÊTRE PHYSIQUE OU MORALE / HUME		TAQUINE / DEDANS	
S'IRRITANT / IL SE PORTE CAUTION							
						CELLE DU LION EST LA MEILLEURE	
A LE DROIT DE / BOUT DE GRAS					PETIT ORDINATEUR / FERME DANS LE MIDI		
				FIGURE DE CHINE / INDICATION DE LIEU			
CONTINUE MALGRÉ TOUT		DIFFÉRENCE ENTRE DEUX VALEURS					

29

NOVEMBRE

8h25 16h53

St Saturnin

	D		N		E		A
L	E	G	I	S	T	E	S
	R	A	G	E	A	N	T
G	A	R	A	N	T		I
	P	E	U	T		P	C
L	A	R	D		M	A	O
	G		E	C	A	R	T
P	E	R	S	I	S	T	E

QUANTITÉ D'UN PRODUIT / FÊLER		QUI DESCEND DU CIEL / SOCIÉTÉ SANS NOM		PAYSAGES DE NOR-MANDIE / PROJETS DE RÊVE		MARQUES DE PASSAGE / ENROUÉ, CASSÉ	
FERA DES TRESSES / UN ENGAGÉ AUX ÉTATS-UNIS							
		TEINTAI					
PIÈCE DE TROUS-SEAU / VACHE QUI FUT FEMME					BRANCHÉ / GROUPE D'OBJETS		
		VILLE DU NORD / UN PEU DE CHLORE					
SCANDIUM DE CHIMISTE / LIBÉRÉS D'UN POIDS			DIVIN SOUFFLEUR				

30

NOVEMBRE

8 h 26 16 h 52

St André

	M		A		P		T
F	I	S	S	U	R	E	R
	N	A	T	T	E	R	A
G	I		R	O	S	A	I
	D	R	A	P		I	N
I	O		L	I	L	L	E
	S	C		E	O	L	E
D	E	L	E	S	T	E	S

CRÉATEUR DE BUFFETS / QUI EST À L'EST		ADMINIS-TRATEUR DE BIENS / LAISSÉE DE CÔTÉ		DONNER SES CONDI-TIONS / TERME DE CHIPIE		BOUTON DU JARDIN / OISEAU TRÈS COLORÉ	
DE LA TERRE / SE MIT À TABLE							
				PORTE DES PYRÉNÉES / NE TIENDRA PAS SA LANGUE			
PASSÉ SOUS UN SABOT / FÉCOND, PRODUCTIF						DIRECTION SUR LA BOUSSOLE	
							PLAQUÉ, IL FAIT MOINS RICHE
GRANDE PUISSANCE / MÂCHER LA BESOGNE			COMÉDIEN FRANÇAIS				

1er DÉCEMBRE

8 h 26 16 h 52

Ste Florence, St Éloi

■	T	■	G	■	S	■	F
O	R	I	E	N	T	A	L
■	A	G	R	A	I	R	E
D	I	N	A	■	P	A	U
■	T	O	N	D	U	■	R
F	E	R	T	I	L	E	■
■	U	E	■	R	E	N	O
P	R	E	P	A	R	E	R

POLYGONE

DÉCONTENANCER

ÉLÉMENT D'UNE BATAILLE

ÉTREINTES

PRÉNOM

PARTISANS DE LA MODE RÉTRO

IMPÉRATRICE BYZANTINE

LETTRE DÉROBÉE

GRAIN À MOUDRE

CHASSEUR HÂBLEUR

LANGUE D'ARISTOPHANE

PLUME DE BOSTON

SÉLÉNIUM

PUBLICATION ASSISTÉE

GRANDE VOILE TRIANGULAIRE

LE PAPE, EN BREF

LE CÉSIUM SYMBOLISÉ

BIEN ARRIVÉS

VENTES

APPELLATION DES VINS DE FRANCE

2

DÉCEMBRE

8 h 28 16 h 51

Ste Viviane

■	D	■	C	■	O	■	I
D	E	S	A	R	M	E	R
■	C	E	R	E	A	L	E
T	A	R	T	A	R	I	N
■	G	R	E	C	■	S	E
P	O	E	■	S	P	I	■
■	N	E	S	■	A	O	C
C	E	S	S	I	O	N	S

FORCE VITALE

BÛCHER UN EXAMEN

LÉSION DENTAIRE

GAMINS DE PARIS

GRAND CHEF À L'EST

ÉLANCÉS

FOYERS DE CHALEUR

PEPS OU PUNCH

ÉTAT BOUDDHISTE

COUCHES POUR ANIMAUX

IL EST BLEU PAR BEAU TEMPS

ENCORE UNE FOIS !

A RIGOLÉ

MONTRE DE LA HARDIESSE

HABIT DE ROMAIN

QUI RESTE À PAYER

FRAPPÉES DE STUPEUR

IL SUSCITE MAINTES ENVIES

3

DÉCEMBRE

8 h 29 16 h 51

St François-Xavier

	T		C		T		B
P	O	T	A	S	S	E	R
	N	I	R	V	A	N	A
L	I	T	I	E	R	E	S
	C	I	E	L		R	I
B	I	S		T	O	G	E
	T		D	E	S	I	R
M	E	D	U	S	E	E	S

À TOUTE VITESSE

D'UNE RÉGION D'ESPAGNE

DIABOLIQUEMENT VÔTRE

APRÈS *BIS*

CONJUGALE

PRÉNOM DE RENAUD

BOURGEON DE POMME DE TERRE

ÉLÉMENT D'ATOME

ENLEVER

ORNEMENT DE JARDIN

EXPLICITE

ELLE PEUT ÊTRE AMICALE

SE MONTRA CAPABLE

ARGON DU CHIMISTE

UN CENTIÈME DU MÈTRE

DES LETTRES POUR LE PATRON

COURS QU'ON PEUT SAUTER...

IL EST RÉPUTÉ À VOUGEOT

NAÏVEMENT

4

DÉCEMBRE

8 h 30 16 h 51

Ste Barbara, Ste Barbe

	D		S		M		G
C	A	T	A	L	A	N	E
	R	E	T	I	R	E	R
G	E	R	A	N	I	U	M
	D		N	E	T	T	E
T	A	P	E		A	R	
	R	U		C	L	O	S
B	E	T	E	M	E	N	T

GRISER L'ESPRIT

HOMMES PUISSANTS

AU NIVEAU DES PIEDS

INSPIRÉE

LAMINOIR

ACCRUS

LIEU DE BAIGNADE POUR LES LOMBARDS

PENDANT

ÉTOFFE DOUCE

ESPÈCE DE CHAROGNE

QU'ON NE PEUT TRAITER DE POURRI

HÔTES DES RÉGIONS NORDIQUES

NAGEUR EN BOCAL

SIGNAL POUR UN DEUXIÈME SERVICE

COMPOSÉ DE DEUX ÉLÉMENTS

L'AQUITAINE

APPROVISIONNENT EN LIQUIDE

PRÉNOM FÉMININ

5
DÉCEMBRE
8 h 31 16 h 50
St Gérald

■	E	■	P	■	E	■	I
A	T	H	L	E	T	E	S
■	O	U	A	T	I	N	E
F	U	M	I	E	R	■	O
■	R	E	N	N	E	S	■
I	D	E	■	D	U	A	L
■	I	■	S	U	S	I	E
A	R	R	O	S	E	N	T

DANS LA LUNE

EAU-DE-VIE APRÈS LE CAFÉ

PIQUANT EN GORGE

ÉCRIVIT

EXERCER UNE TRACTION

S'EXCLAMANT (S')

EMPLACEMENTS AMÉNAGÉS

COLORÉE

CHAMAN

ARRIVER SUR LE TARMAC

SOLEIL DIVIN

VICTOIRE NAPOLÉONIENNE

POSSESSIF

PASCAL ABRÉGÉ

PAS RESTÉ

REGISTRE COMMERCIAL

PAYS PERSE

AU BAS D'UNE ADDITION

INDIQUE LE LIEU OÙ L'ON VA

ACCESSOIRES DE GOLFEUR

6

DÉCEMBRE

8 h 32 16 h 50

St Nicolas

	D		A		E		T
R	I	N	C	E	T	T	E
	S	O	R	C	I	E	R
A	T	T	E	R	R	I	R
	R	A		I	E	N	A
T	A		P	A	R	T	I
	I	R	A	N		E	N
T	T	C		T	E	E	S

CEINTE D'UN HALO

CONSACRÉS

BÊTE OU PERCHE

CONGÉS HEBDOMADAIRES

IL EN FAUT POUR COMMANDER

ILS TRAVAILLENT DU MÉTAL

GRANGES

PROJECTION

FOURBERIE PERFIDE

TECHNIQUE DE SKI ALPIN

INACTIF

ON Y TROUVE L'HISTOIRE DE LA TÉLÉVISION

TERRE ENTOURÉE D'EAU

GIRON

DEUX À OSTIE

LAC DES U.S.A.

POUR LA SAINTE VIERGE

FIS FRONT

7

DÉCEMBRE

8 h 33 16 h 50

St Ambroise

■	A	■	V	■	G	■	W
A	U	T	O	R	I	T	E
■	R	O	U	E	R	I	E
T	E	L	E	M	A	R	K
■	O	I	S	I	F	■	E
I	L	E	■	S	E	I	N
■	E	R	I	E	■	N	D
R	E	S	I	S	T	A	S

CHANGE LE COURS DES CHOSES

PLANTE À RHIZOME

FORT DÉSABUSÉ

CIRQUE D'ARLETTE

CROC POUR LE QUARTIER

ENCARTAI

FAITS D'HIVER

CONTREDIT UNE NÉGATION

GLACER

PROTÈGE-POUSSIÈRE

DIEU ÉGYPTIEN SYMBOLISANT LA VAILLANCE

ARRIVÉE À LA CORDE

BIEN MAÎTRISÉ

EN RÉ

DIRECTION GÉNÉRALE

CRIER SOUS LES CORS

ENVOIE VOIR...

COIFFURES DES BÉDOUINS

TRIBU

8

DÉCEMBRE

8 h 35 16 h 49

Immaculée Conception

	D		B		E		G
R	E	G	L	I	S	S	E
	T	R	A	N	S	I	R
H	O	U	S	S	E		C
	U	S	E	E		S	U
A	R	S		R	E	E	R
	N		C	A	S	T	E
K	E	F	F	I	E	H	S

PATRIMOINE TRANSMIS

GAIN FINANCIER

CHEMIN

ARRIVÉ EN CE MONDE

ATTACHA SOLIDEMENT

AUX PIEDS DU CHEVAL

IMITER LE CLAIRON

BOMBARDÉ

IL A RENIÉ SA PAROLE

PRÉFIXE QUI DOUBLE

OCCUPE LA PLACE D'HONNEUR

DES CLOUS !

AMOUR D'ISEUT

PARTIE DE LITERIE

MUSIQUE, PEINTURE OU CINÉMA

SA SAINTETÉ

AUCH EST SON CHEF-LIEU

UNITÉ JAPONAISE

SURNOM D'UNE CÉLÈBRE LADY

FAIRE EAU DE TOUTES PARTS

■	H	■	S	■	L	■	R
B	E	N	E	F	I	C	E
■	R	E	N	E	G	A	T
B	I	■	T	R	O	N	E
■	T	R	I	S	T	A	N
T	A	I	E	■	A	R	T
■	G	E	R	S	■	D	I
Y	E	N	■	S	U	E	R

RÉSERVE DE JONCS

JEANNOT, PETIT

BIENSÉANT

ÉPLUCHA UN FRUIT

APPÉTISSANTE PARFOIS

TOUJOURS PRÉSENTE

CHANGER DE PEAU

LIEU DE TRAVAIL

NOUVELLE

ALLÉGER UN NAVIRE

C'EST DE LA FOURME

PASCAL EN BREF

CETTE BLONDE EST LA REINE DES PUBS

VER GÊNANT

ACCORD PASSÉ AU SUD

ORDRE DE DÉPART

RESSENTI

VILLE ET RIVIÈRE DE BRETAGNE

LONGUE PÉRIODE DE VIE SUR TERRE

10

DÉCEMBRE

8 h 37 16 h 49

Ste Eulalie

	M		D		T		M
L	A	P	E	R	E	A	U
	R	E	C	E	N	T	E
D	E	L	E	S	T	E	R
	C	A	N	T	A	L	
P	A		T	E	N	I	A
	G	O		E	T	E	L
V	E	C	U		E	R	E

CONTE DE PROVENCE

PETITES FRIANDISES

GALETTES BASQUES

SUP-PORTER

PROPRE À LA CÉRÉMONIE

TAS DE CAILLOUX

PLUTÔT SALÉE

DÉCOURON-NEMENT

COCOTTE COQUETTE

MISE À L'ÉCART

DU BEAU MONDE

POISSONS AU CORPS RAYÉ

IL EST PARFOIS DÉSESPÉRÉ

NAPPE DE LIQUIDE

DISSIMULE L'IDENTITÉ

IL FAIT TOUJOURS FACE

RÉPÉTÉES ENCORE...

PRÉNOM SLAVE

11

DÉCEMBRE

8 h 38 16 h 49

St Arthur, St Daniel

■	G	■	B	■	R	■	O
G	A	T	E	R	I	E	S
■	L	O	R	E	T	T	E
R	E	L	E	G	U	E	E
■	J	E	T	S	E	T	■
S	A	R	S	■	L	A	C
■	D	E	■	O	L	G	A
S	E	R	I	N	E	E	S

PETIT PASSEREAU / MORCEAUX DE VEAU		IL DONNE DES NOUVELLES... / CHIFFRE PREMIER		PLANTES MARINES / ATTACHAS		DONT ON S'EST SERVI JUSQU'AU BOUT / ENCHAÎNÉ	
MARQUE DE RECONNAISSANCE / SAINT RACCOURCI							
		FAIT DES BONDS / ADOPTE UNE LOI					
AGRANDIR L'OUVERTURE / SITE WEB PERSONNEL							POUR MONTRER QUELQUES CHOSES
				CABAS / DERNIÈRE DE LA GAMME			
SAISONS AGRÉABLES / SANS RÉSULTAT					PIÈCE MÉCANIQUE EN FORME DE V		

12

DÉCEMBRE

8 h 38 16 h 49

St Corentin

	R		M		A		U
R	O	U	E	L	L	E	S
	I	N	S	I	G	N	E
S	T		S	A	U	T	E
	E	V	A	S	E	R	
B	L	O	G		S	A	C
	E	T	E	S		V	E
S	T	E	R	I	L	E	S

EXTRÊME BRUTALITÉ

PARTIE DE SERRURE

AUG-MENTÉS

VOYAGEU-SES QUO-TIDIENNES

GERMES

DIRIGEA

VOLONTÉ DE MÔME

IL GÈRE LE HARAS

RECHIGNA À LA TÂCHE

CORNET DE CRÈME GLACÉE

ESPACE CAILLOU-TEUX

NUMÉRO D'ACCÈS

COMME CELA

CITERNE

COUPE TOUT EN DEUX

DÉCHET DU CORPS

PRENDRE UNE CERTAINE ATTITUDE

PÉRIODE

HOUSSE DE VOILE

RACCOURCI POUR UNE EUROPE

PHILO-SOPHES

13

DÉCEMBRE

8 h 39 16 h 49

Ste Lucie

■	F	■	P	■	A	■	U
S	E	M	E	N	C	E	S
■	R	E	N	A	C	L	A
C	O	N	E	■	R	E	G
■	C	A	■	C	U	V	E
M	I	■	P	O	S	E	R
■	T	A	U	D	■	U	E
P	E	N	S	E	U	R	S

PAVÉE À L'INTÉRIEUR / BIEN DIMINUÉES		ÊTRE COMPLÈTEMENT À LA MASSE / BUILDINGS		PORTAI JUSQU'AU BOUT / FAÇONS DE FAIRE		ESCROQUÉS / ENTRE MARTEAU ET ÉTRIER	
BATTANT / BIEN FOURNIE							
				CITÉ DU PÉROU / MOT DE COMBINÉ			
SORTIT DES SENTIERS BATTUS / CES GENS-LÀ					LUMEN ABRÉGÉ / TROP LONG POUR LE COURT		
			IL AIMAIT LA MER ET LA GRAND-MÈRE / LETTRE				
COULEMELLES		SYMBOLE DE LÉGÈRETÉ					

14

DÉCEMBRE

8 h 40 16 h 49

Ste Odile

■	C	■	P	■	U	■	E
G	A	T	E	U	S	E	S
■	R	O	S	S	A	N	T
D	R	U	E	■	I	C	A
■	E	R	R	A	■	L	M
I	L	S	■	L	O	U	P
■	E	■	P	L	U	M	E
L	E	P	I	O	T	E	S

RÉGION DE FRANCE / DEUXIÈME MANCHE		CARRELAS UNE SALLE / MAÎTRE ARTISAN		ELLES PASSENT DES CASTINGS / ET TOC !		TENANCIÈRES / MOT DE QUI DOUTE	
RAPPORTER LES FAITS / FILLE ANGLAISE							
				LEVA L'ARRIÈRE-TRAIN			
ESCALADÉ / EXTRAITS DE CODE						TEMPS SANS COMMUNE MESURE	
				ADJECTIF DÉMONSTRATIF / CARTE QUI BAT LE ROI			
ÎLE VERS OLÉRON / ÉLÉMENTS D'UN CARNET			QUI NE SENT PLUS LE RENFERMÉ				

15

DÉCEMBRE

8 h 41 16 h 50

Ste Ninon

	P		D		A		G
R	E	V	A	N	C	H	E
	R	E	L	A	T	E	R
G	I	R	L		R	U	A
	G	R	A	V	I		N
L	O	I	S		C	E	T
	R	E		A	E	R	E
A	D	R	E	S	S	E	S

DIGITALISÉ / TRÈS GRANDS SERPENTS		APPAREIL DE LEVAGE / TEL UN COMBAT DE MARINS		ANCIENS TURCS / PENSE, MÉDITE		HARDIE / PASSÉ POUR LA PREMIÈRE FOIS	
C'EST UNE CURIEUSE MANIE / REQUINQUÉ							
REDONNE DE L'ÉNERGIE / EAU EN ÉGYPTE							S'IL PRÉCÈDE LE PÈRE, IL PRÉCÈDE LE FILS
			MARQUE L'INTENSITÉ / A MONTRÉ LES DENTS				
ON DIT QU'IL VIT SUR L'HIMALAYA		IL EST DE CORVÉE LE 24 DÉCEMBRE					
				IL RELÈVE LA CONVER-SATION			

16

DÉCEMBRE

8 h 42 16 h 50

Ste Alice

■	N	■	V	■	O	■	O
E	U	N	E	C	T	E	S
■	M	A	R	O	T	T	E
R	E	V	I	G	O	R	E
■	R	A	N	I	M	E	■
N	I	L	■	T	A	N	T
■	S	■	R	E	N	N	E
Y	E	T	I	■	S	E	L

BIFFERA

ANIMAL AQUATIQUE

UNITÉ ANGLO-SAXONNE

HOMME À MOITIÉ

AUTOCHTONE DE L'UTAH

RÉFUTERA

CE N'EST QU'UN DÉTAIL

BLAGUE

GRANDE VRILLE

LANGUE DES PESHMERGAS

OUI DU TROUBADOUR

CLÉMENT EN L'AIR

A RÉAGI AU BON MOT

SENSIBLE CAPACITÉ

DEVISE D'AFRIKANERS

ENFANT DE TROUPE

LIBRE DEPUIS 1981

SOLDAT DU FEU

SIGLE SOLIDAIRE

ÉPINGLÉE, PINCÉE

C'EST LE MATIN QU'ON LE VOIT ROUGIR

17

DÉCEMBRE

8 h 43 16 h 50

St Gaël

■	R	■	Y	■	U	■	A
L	A	M	A	N	T	I	N
■	T	A	R	I	E	R	E
K	U	R	D	E	■	O	C
■	R	I	■	R	A	N	D
Q	E	■	R	A	D	I	O
■	R	S	A	■	E	S	T
C	A	P	T	U	R	E	E

BARRIÈRE DE FIL DE FER / PIEDS DE TABLE EN V		TROUSSES / COINCÉS DANS LA BOUE		FLEMMARD / DISPOSITIONS D'ESPRIT		ORIENTÉE / TRÈS IRRITÉE	
QUI VAUT VAIN... / ANNEAU NUPTIAL							
RÉPERTORIÉE / PEU ÉLEVÉ							ILS FONT LA HAIE FACE AU MISTRAL
			HABIT D'UNE SEULE PIÈCE / OUEST-EST				
ON L'ENSEIGNE À L'ÉCOLE / INHABITÉES				PARTIE DE CATHÉDRALE OU VIEUX NAVIRE			

■	G	■	E	■	F	■	A
T	R	E	T	E	A	U	X
■	I	N	U	T	I	L	E
A	L	L	I	A	N	C	E
■	L	I	S	T	E	E	■
B	A	S	■	S	A	R	I
■	G	E	O	■	N	E	F
D	E	S	E	R	T	E	S

BONNE PÂTE

QUI N'EST PLUS COULANTE

MODIFIA L'ATOME

ÉLIMÉE

LES ROIS DE L'ARÈNE

NON EXPRIMÉS

CATACLYSME BIBLIQUE

ON Y VA APRÈS LES COURS

PROFILÉE

ABSENCE D'EFFORT

DRÔLE DE MOUETTE

ELLE A BEAUCOUP DE CHAÎNES

COUTUME MÉDIÉVALE

LINGE DE TOILETTE

VENU AU MONDE

ÇA DONNE DU LOLO

IL NE FAIT PAS LA PAIRE !

SITUÉE CHEZ LE NOTAIRE

MANCHE D'UN MATCH DE TENNIS

19

DÉCEMBRE

8 h 44 16 h 51

St Urbain

	M		T		I		U
M	A	T	A	D	O	R	S
	C	A	R	E	N	E	E
F	A	C	I	L	I	T	E
	R	I	E	U	S	E	
D	O	T		G	A	N	T
	N	E	N	E		U	N
S	I	S	E		S	E	T

COURT ET SAUTE

C'EST LE COMBLE

DURS DE LA FEUILLE

UNE ORANGE

DIRIGER

IL FAIT DES BULLES À ROME

LAISSE FILER

PAS LOIN D'ÊTRE EUPHORIQUE

REPLACE

CUVETTE DE COIFFEUR

AUTEUR DE *MORT À CRÉDIT*

POISSON DE MER

ILS ÉVOLUENT SUR UN PLAN INCLINÉ

IL EST BIEN UTILE POUR FAIRE CARRIÈRE

LANCERS DE DISQUES

QUI N'EST PAS BIEN EMBALLÉ

COURS PRIMAIRES

20

DÉCEMBRE

8 h 44 16 h 51

St Isaac

■	C	■	O	■	O	■	C
M	A	N	S	A	R	D	E
■	R	A	S	S	I	E	D
L	A	V	E	T	E	T	E
■	C	E	L	I	N	E	■
S	O	L	E	■	T	N	T
■	L	■	T	I	E	D	E
J	E	T	S	■	R	U	S

ELLE FORME DES COUPLES

ARBRES DES OASIS

CARTE POUR ENFANT SAGE

ALOURDI

LAC D'EUROPE

AGACÉE

RISQUÉE

DIRIGEANT UNIVERSITAIRE

REMILITARISÉE

PERTE DE FAVEUR

QUI N'A PLUS DE FLAMMES

FEUILLETÉE

LES DESSINATEURS LES ONT BIEN EN MAIN

FACTEUR RHÉSUS

PETIT MONSTRE DU CINÉMA

A EU LA POSSIBILITÉ

PORTEURS DE CANNES OU D'ÉPUISETTES

QUI A BIEN MANGÉ

21

DÉCEMBRE

8 h 45 16 h 52

Hiver • St Pierre Canisius

■	M	■	I	■	L	■	O
P	A	L	M	I	E	R	S
■	R	E	A	R	M	E	E
D	I	S	G	R	A	C	E
■	E	T	E	I	N	T	■
L	U	E	■	T	■	E	T
■	S	■	R	E	P	U	E
P	E	C	H	E	U	R	S

ÉCROULÉE SANS CONNAISSANCE

EXCÈS

COLLERAS

HUILES DANS LE PÉTROLE

ESPÈCE D'ESPÈCE

EMBLÈME D'UN PAYS

QUI TRANSVASENT

FORME LE PRONOMINAL

ATTACHER LE NAVIRE

PARFUMÂT À LA PROVENÇALE

MATIÈRE TEXTILE LIÉE À LA CHINE

PRIX DU SILENCE

BOLIDE DE L'ESPACE

MET SUR UN PLATEAU

INDIEN AU CANADA

PROPOSITION DE CHOIX

RAB DE MOTS

QUI ONT L'ESPRIT AILLEURS

HERBIVORE À COURTE TROMPE

22

DÉCEMBRE

8 h 45 16 h 52

Ste Françoise-Xavière

■	E	■	I	■	S	■	V
O	V	E	R	D	O	S	E
■	A	M	A	R	R	E	R
A	N	I	S	A	T	■	S
■	O	R	■	P	E	S	E
F	U	S	E	E	■	O	U
■	I	■	T	A	P	I	R
R	E	V	E	U	S	E	S

NIELLÉ

BAISSE DE RIDEAU

GLUANTE, POISSEUSE

IMITER UNE HIRONDELLE

OBJET D'UNE COURSE EFFRÉNÉE

GESTE

PRIS EN MAIN

C'EST TOUT PAREIL

BAVER DANS LA SOUPE

VOISIN DE L'ABEILLE

VILLE DE LA CORRÈZE

DANS LE BRABANT

SANS MÉLANGE

OPUS EN BREF

EN TOUTE HYPOTHÈSE

LE CÉSIUM SYMBOLISÉ

IL DIRIGE LA MINE

CLASSÉS SANS SUITE

CE N'EST QU'UNE ILLUSION DU MARBRE

23

DÉCEMBRE

8 h 46 16 h 53

St Armand

	I		G		E		G
E	N	T	R	A	C	T	E
	C	R	A	C	H	E	R
E	R	I	S	T	A	L	E
	U	S	S	E	L		S
A	S	S	E		O	P	
	T	E		S	T	U	C
D	E	R	N	I	E	R	S

ALTÈRE LE GOÛT OU LA SAVEUR

SCIENCE DU SOL

BIEN COURBÉS

CYCLONE

ASTICOTER, TITILLER

RÉGAL DE PÉKINOIS

HOMME-SINGE

TIRÉ D'AFFAIRE

CAUSANT DES DOMMAGES

PAS COURANT

CONTRAT DE TRAVAIL

BANDES D'IDIOTS

COMPRIMÉE AU MAXIMUM

C'EST UNE ANOMALIE

QUI SE SONT BIEN FAIT ROULER

GRAND ARBRE

RAPPORT POUR MATHEUX

PRISE D'OTAGE

VACHES SANS VEAUX

TEL L'ENFANT VENANT AU MONDE

24

DÉCEMBRE

8 h 46 16 h 53

Ste Adèle

	D		P		A		Y
G	E	O	L	O	G	I	E
	N	U	I	S	A	N	T
R	A	R	E		C	D	I
	T	A	S	S	E	E	
B	U	G		O	R	M	E
	R	A	P	T		N	U
G	E	N	I	S	S	E	S

DÉFAUT DE CONCORDANCE

GRAVES DÉLITS

DES GENS CAUSANTS

LES TOUT DERNIERS

PARTIE DE LA SUISSE

EXTRÊMEMENT

SE MONTRER TÉMÉRAIRE

COUVRE D'ÉLOGES

ÇA PEND AU COU DE LA VACHE

GRAND SALADIER

CHROME DE CHIMISTE

LE SUD-OUEST

JOIE

IL ASSURE UN SERVICE RAPIDE ET SOIGNÉ

INTRODUCTION À L'EXPLICATION

JAMAIS COMME AUTREFOIS

PARESSEUX BRÉSILIEN

ADMINISTRA

PRÉCISE UNE POSSESSION

FAIRE MOUSSER

25

DÉCEMBRE

8 h 47 16 h 54

Noël

■	D	■	O	■	U	■	O
M	E	U	R	T	R	E	S
■	C	L	A	R	I	N	E
J	A	T	T	E	■	C	R
■	L	I	E	S	S	E	■
S	A	M	U	■	O	N	C
■	G	E	R	A	■	S	A
L	E	S	S	I	V	E	R

DON D'ÊTRE PARTOUT

DÉTESTER

NOUVELLE CORRES-PONDANCE

JUGE DE PAIX

À UNE PLACE INDÉTER-MINÉE

ENJOINTE

DONC PROTÉGÉE

GENTIL MONSTRE

FUTILITÉ

IMPAR-TIALITÉ

ELLE LAISSE PASSER LE JOUR

COFFRET PRATIQUE

BORD D'UN DISQUE

SE RÉPOND À LUI-MÊME

ORIFICE

PRO-FESSEUR

FOU

PRODUITE PAR UN LENT ÉCOU-LEMENT

RACCOURCI AVANT L'EXPLICA-TION

26

DÉCEMBRE

8 h 47 16 h 55

St Étienne

	U		E		E		B
A	B	O	M	I	N	E	R
	I	N	A	N	I	T	E
E	Q	U	I	T	E		V
	U		L	I	M	B	E
K	I	T		M	E	A	T
	T	A	P	E		I	E
S	E	C	R	E	T	E	E

SITUÉ JUSTE À CÔTÉ / INFIDÉLITÉ EN MÉNAGE		LIMPIDE COMME DE L'EAU DE ROCHE		QUI A BIEN DE LA VALEUR / RÉSISTANTS		PÂTÉS DE CAMPAGNE / RAIT	
TRAVAILLE SUR UNE PÉNICHE		ÉCLAIRCIR UN TEXTE / EXPERT EN ÉCONOMIE					
MESURE DE JOAILLIER / MANCHE À WIMBLEDON						OBTENUE APRÈS DEMANDE	
			VILLE DE NORMANDIE / PRONOM PERSONNEL				
CERTIFIES L'AUTHENTICITÉ		FRÊLE, PETITE					

27
DÉCEMBRE

8 h 47 16 h 56

St Jean

■	A	■	C	■	M	■	T
A	D	U	L	T	E	R	E
■	J	■	A	E	R	E	R
M	A	R	I	N	I	E	R
■	C	A	R	A	T	■	I
S	E	T	■	C	A	E	N
■	N	■	M	E	N	U	E
A	T	T	E	S	T	E	S

APPAREIL MÉCANIQUE / C'EST INUTILE		PIÈCES VITRÉES / ENDURER		DÉCLARER POUR VRAI / PRATIQUE IMMUABLE		NIMBER DE GLOIRE / MONNAIE POUR SOFIA	
ÉTABLIR UNE LISTE DE PRIX / PRESSE À IMPRIMER							
USER LENTEMENT / MÊME MAIGRE, IL EST GRAS						ELLE RÉJOUIT L'ANGLAIS QUI LA SIFFLE	
				IL S'OPPOSE AU BIEN / CELA SE RÉCLAME			
S'OBLIGER À DES COUPES (SE)		SECONDE FILLE DE HUGO					

28
DÉCEMBRE

8 h 47 16 h 56

Sts Innocents

■	A	■	V	■	A	■	A
S	U	P	E	R	F	L	U
■	T	A	R	I	F	E	R
R	O	T	A	T	I	V	E
■	M	I	N	E	R	■	O
L	A	R	D	■	M	A	L
■	T	■	A	D	E	L	E
C	E	N	S	U	R	E	R

MAL AU CORPS

SILLONNE UNE SURFACE

ÉCOLE BOUDDHISTE

APPENDICES DE LA COCOTTE

ÉLOGIEUX

MORCEAUX DE BŒUF

FEMMES DE KAZAN

SUR LE DANUBE

DÉSTABILISÉ

PORTAIT JUSQU'AU BOUT

SIGNE DE DIVISION

COFFRETS PRATIQUES

BOUT DE VIANDE

IL N'EST PAS TRÈS ÉTENDU SUR CETTE TERRE

IL EST COURANT

DEVISE D'OMAN

LE MOT DU PROPRIÉTAIRE

RAGAILLARDIS

IL EST SOUVENT REPLIÉ SUR LUI-MÊME

29

DÉCEMBRE

8 h 47 16 h 57

St David

■	B	■	S	■	Z	■	O
F	L	A	T	T	E	U	R
■	E	B	R	A	N	L	E
U	S	A	I	T	■	M	I
■	S	T	E	A	K	■	L
J	U	S	■	R	I	A	L
■	R	■	M	E	T	R	E
D	E	L	A	S	S	E	S

MOQUERIE / APAISANTS		REDEVANCE / IL DONNE LE TON		COUP, BEIGNE / RUDESSES DE GOÛT		BIEN APPRÉCIÉES / PRENDRE EN REMORQUE	
IL SURVIENT DANS TOUTES RELATIONS / PIPI-ROOM							
		AGRÉMENTAI D'UN DÉCOR / CUIR OU FOURRURE					
CAPABLE DE / ENTRE L'EST ET LE SUD					PETITE MESURE / BOUT DE TERRAIN		
			TOUCHE AVEC LES DOIGTS				
LONGTEMPS INFUSÉE / UN BRIN							
			METS EN JEU AU TENNIS				

30

DÉCEMBRE

8 h 48 16 h 58

St Roger

	S		I		G		E
C	A	L	M	A	N	T	S
	R	A	P	P	O	R	T
W	C		O	R	N	A	I
	A	P	T	E		C	M
E	S	E		T	A	T	E
	M	A	C	E	R	E	E
P	E	U		S	E	R	S

ALERTÉE RECTITUDE		ENTAMÉE PAR UNE BRÈCHE RESTES DE POULET		EN PÉTARD BUILDING INFERNAL		TRAGIQUEMENT DISPARU VÉNÉRER	
ÔTER L'EAU DU LINGE UNITÉ DE PUISSANCE							
		CONTRÔLE RÉGULIER ET ASSIDU PASCAL					
PLUS AFFINÉE IL INTERDIT D'INTERDIRE							ENTRE L'EST ET LE SUD
				VIEUX RUMINANT PETIT PATRON			
MAUVAIS POUR LA SANTÉ		MOYENS POUR ACCROCHER LE QUARTIER					

31
DÉCEMBRE

8 h 48 16 h 59

St Sylvestre

■	P	■	F	■	F	■	P
D	R	O	I	T	U	R	E
■	E	S	S	O	R	E	R
C	V	■	S	U	I	V	I
■	E	P	U	R	E	E	■
A	N	A	R	■	U	R	E
■	U	■	E	S	S	E	S
D	E	L	E	T	E	R	E

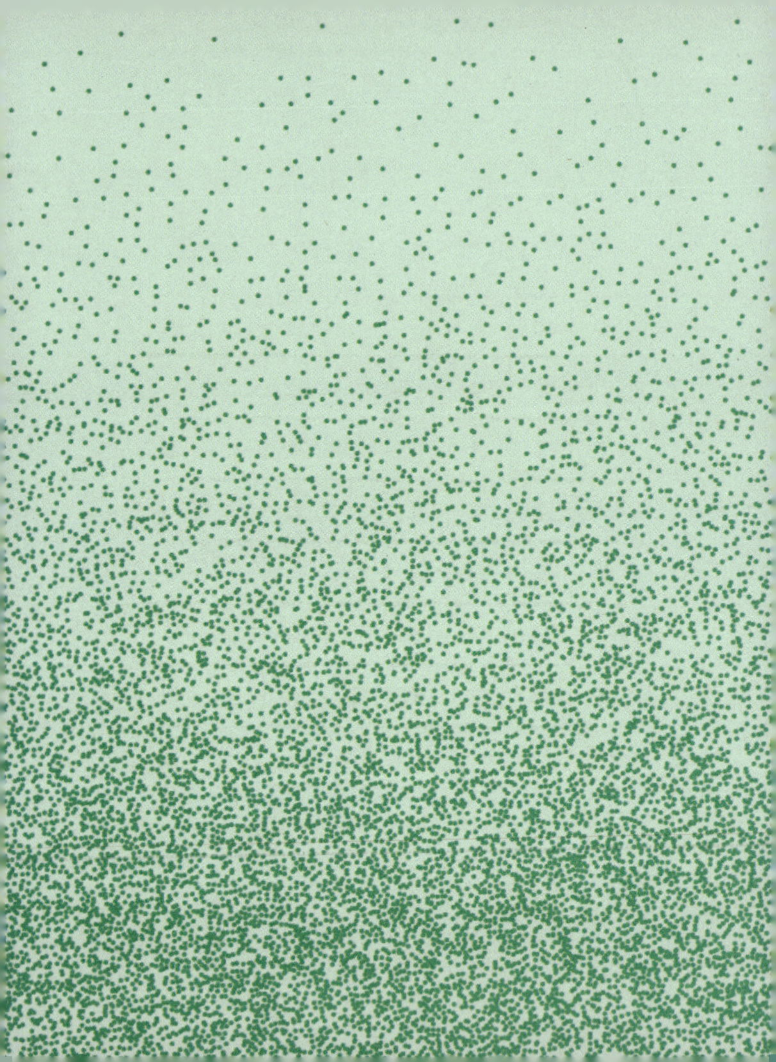